湖南省教育厅重点课题（编号：19A437）
湖南省社会科学成果委员会课题（编号：XSP19YBC363）
湖南省健康城市营造工程技术研究中心（编号：2019TP2073）
南华大学博士启动基金（编号：2017XQD35）

我国能源生态经济效益的时空变化特征及驱动力研究

谭德明 著

中国财经出版传媒集团
中国财政经济出版社

图书在版编目（CIP）数据

我国能源生态经济效益的时空变化特征及驱动力研究 / 谭德明著. --北京：中国财政经济出版社，2020.12

ISBN 978-7-5223-0307-9

Ⅰ.①我… Ⅱ.①谭… Ⅲ.①能源经济-经济效益-研究-中国 Ⅳ.①F426.2

中国版本图书馆 CIP 数据核字（2020）第 260483 号

责任编辑：田明晖　　责任校对：张　凡

封面设计：孙俪铭　　责任印制：史大鹏

中国财政经济出版社 出版

URL：http：//www.cfeph.cn

E-mail：cfeph@cfeph.cn

社址：北京市海淀区阜成路甲 28 号　邮政编码：100142

营销中心电话：010-88191522　编辑部门电话：010-88190670

天猫网店：中国财政经济出版社旗舰店

网址：https：//zgczjjcbs.tmall.com

北京财经印刷厂印刷　各地新华书店经销

成品尺寸：170mm×240mm　16 开　10.5 印张　200 000 字

2020 年 12 月第 1 版　2020 年 12 月北京第 1 次印刷

定价：45.00 元

ISBN 978-7-5223-0307-9

（图书出现印装问题，本社负责调换，电话：010-88190548）

本社质量投诉电话：010-88190744

打击盗版举报热线：010-88191661　QQ：2242791300

摘　要

目前，国内外关于城市能源问题的研究过多关注能源系统评价，对能源的经济效率、环境效率以及综合的生态经济效益分析不足，无法为城市的绿色可持续发展提供有效的指导。本书通过深入分析能源—环境—经济之间的复杂关系，进行能源—经济效率、环境效率以及生态经济效益的评价，进而探索能源生态经济效益的驱动力。

本书利用人工神经网络及空间分析等技术，研究探讨了如下内容：①城市能源生态经济效益的理论基础；②城市能源经济效益和环境效益评价；③城市能源生态经济效益的时空变化及驱动力；④国内外城市能源可持续发展政策和标准等。

本书取得以下创新：①进一步深化能源可持续发展理论；②拓展能源环境研究空间关系视角，通过空间重心分析和空间自相关分析探索全国尺度能源生态经济效益、能源综合经济收益，能源综合环境成本的变化；③提出“基于类型划分”的专家判定方法，并应用于能源生态经济效益计算。

本书得出的主要结论包括：

（1）在能源生态经济效益管理中要发挥管理的五大职能：①计划：制定能源生态经济效益最大化目标；②组织：架构合理的能源环境效益管理结构；③领导：设计有效的能源环境效益激励机制；④控制：辨识能源环境效益的驱动力及风险；⑤创新：探索能源生态经济效益提升新路径。

（2）当前我国的能源—环境—经济管理组织薄弱、制度缺失。能源生态经济效益并没有专门的部门管理，造成管理无规范标准、无明确分工，无清晰途径，无固定抓手。

（3）能源生态赤字不断扩大，但能源效率不断增高。中国各省平均人均可再生能源承载力数值是5.34公顷/人，人均能源消费生态足迹数值是13.58公顷/人，生态盈余数值是－8.24公顷/人。

（4）能源经济效益空间不均衡，单位投资能耗东低西高。能源效率方面，北京、天津、东部沿海和南部沿海承接的经济拉动效应的能耗强度最低，而西北区域承接的经济拉动效应的能耗强度最大，即质量最低。

（5）近10年间，我国能源生态经济效率与效益不断上升，其中能源环境效益综合得分缓慢上升，能源综合经济效益总体稳步上升。

（6）经济规模的增加不利于能源环境成本的减少，而经济结构的改善可以降低能源环境成本。

（7）最后，基于前文研究内容，给出政策建议。

关键词：能源生态经济效益　能源生态经济效率　能值生态足迹　时空变化特征　驱动力

Abstract

At present, the domestic and foreign research on the urban energy pays more attention to the energy system evaluation, lack of analysis on energy's economic efficiency, environmental efficiency and comprehensive ecological and economic benefits. It can't provide effective guidance for urban sustainable development. This study explores the driving forces of energy eco-economic benefits by deeply analyzing the complex relationship between energy environment-economy, energy-economic efficiency and environmental efficiency, and ecological and economic benefits.

In this paper, artificial neural network and spatial analysis techniques are used to study: ①the theoretical basis of ecological and economic benefits of urban energy. ②Evaluation of urban energy economic and environmental benefits. ③The spatial and temporal change of urban energy ecological economic benefit and its driving forces. ④Domestic and international urban energy sustainable development policies and standards research and so on.

The following innovations have been made in the research: ①Further deepening the theory of energy sustainable development. ②Expand the perspective of spatial relations of energy and environmental studies. Based on the analysis of spatial center of gravity analysis and spatial auto-correlation analysis, the paper explores the national scale of energy and ecological economic benefits, energy and economic comprehensive income and energy and environment comprehensive consumption changes. ③Classification based consulting is put forward, which is applied to the calculation of ecological and economic benefits.

The main conclusions of the study include:

(1) The five functions of management should be played in the management of energy eco-economic benefit: ①Plan: to formulate energy eco-economic efficiency maximization goal; ②Organization: the structure of rational energy environment benefit management; ③Lead: design effective incentive mechanism for energy environment benefit; ④Control: identify the driving forces and risk of energy environment benefit; ⑤ Innovation: exploring the new path of energy eco-economic benefits.

(2) The current Chinese energy-environment-economic management organization is weak and lack of system. At present, the energy eco-economic benefits of our country do not have the special department management, resulting in the management of non-standard, no clear division of labor, no clear way, no fixed starting point.

(3) The energy ecological deficit is expanding, but energy efficiency is increasing. The average per capital renewable energy carrying capacity of Chinese provinces is 5. 34 ha / person. The ecological footprint of per capital energy consumption is 13. 58 ha / person and the ecological surplus value is – 8. 24 ha / person.

(4) The spatial distribution of energy economic benefits is not balanced. Unit investment in energy consumption is low in the east and high in the west. In terms of energy efficiency, economic development need the lowest energy intensity in Beijing and Tianjin, the eastern coastal, southern coastal areas, need the largest energy intensity in the Northwest region, also it is the lowest quality.

(5) Economic scale, economic structure, social development, various resource consumption shows the different driving characteristics. In the last decade, the energy eco-economic efficiency of our country has been rising, mainly due to the good control of energy consumption.

(6) Under the common influence of the economic scale' increase and economic structure fluctuation, the comprehensive economic efficiency has risen steadily in recent years. Economic scale and economic structure are the main factors influencing energy eco-economic efficiency, while atmospheric consumption, vegetation consumption and other consumption are the main factors influencing

energy eco-economic benefit.

(7) Finally, based on the content of the previous research, the policy suggestions are given.

Keywords: Energy eco-economic efficiency Energy eco-economic benefit Energy footprint Time series and spatial change Driving force

目　录

第 1 章

绪　论

1.1　选题背景与意义

1.1.1　选题背景

1. 经济高速增长以环境资源消耗为代价

能源是人类生存和发展的物质基础，能源发展史一定程度上代表了人类发展史，从古代社会的木柴到工业时代的煤和石油，以及现代的风电、水电、太阳能、生物质能等可再生能源。能源越丰富、使用量越大，经济发展则越快，但是污染也日益增大。从 2002 年起，我国的 GDP 增长远远跟不上能源消耗。2012 的能源消费弹性系数达到 1.25，2013 年这一数字上升到了 1.43。数据表明，我国经济的高增长基础前提之一是能源的高消耗。能源推动着城市的高速发展，而同时又是城市环境的污染源。随着我国生态文明建设制度的提出，高能耗、高污染、高排放的发展模式难以为继。据统计，世界能源消耗总量中，有 75% 来自城市，而这些能源的消耗又造成了 75% 的世界污染。研究表明，城市的发展离不开能源，能源决定了城市发展的速度、高度以及发展趋势。城市能源结构、应用现状及其特征，对社会、经济以及环境有着深远的影响。同时，城市能源对于整个国家以及个人居住的环境也是影响深远。

当前经济的快速发展是在了大量使用化石燃料的前提下进行的，由此导致了温室气体的超额排放，超过了环境的承载能力，引起了全球气候变暖，生态系统和自然资源遭受了严重的破坏。而社会经济的快速发展与城市的健康发展需要一个健康的生态系统以及持续不断的资源供应。因此，虽然中国社会经济发展，离不开城市建设、能源消耗，但更需要生态文明建设，需要绿色发展模式和循环经济发展模式。在这种时代背景下，我国城市能源需要走可持续利用的路线，这种可持续利用的路线不光要开发大量能源以满足城市经济发展的需求，更需要改变能源结构，提高清洁能源比例，这就需要有效的规划和管理。本研究通过评价我国城市能源的生态经济效益，可为我国城市能源可持续发展带来实际的借鉴作用。

2. 城市化加速进一步加剧能源效率矛盾

我国目前还处于全面城市化的过程中，大量的农村人口涌向城市。当一个国家城市化比例超过30%，那么就意味着这个国家城市化已经进入了起飞期。我国改革开放初期，城市化比例仅为17.9%，到了2019年城镇化比例已经超过60%，超一线城市和15个新一线城市城市化率高达82.95%，远高于30%。城市化起飞期意味着人口、经济、社会等高速发展，更意味着能源的高消耗。罗乐勤（2003）根据1985—2000年的数据，研究发现国内城市人口和能源消费之间的关联系数达到了0.8879。这一关联系数表明，城市化水平每上升1个百分点，就需要消耗3800万吨标准煤。而国内2000年能源生产总量折算为标准煤重量也只有106988万吨。这意味着我国城市化水平每上升1个百分点就需要3.56%的能源支撑，而在21世纪之前的10年，国内能源产量年均上涨幅度只有1.66%。目前城乡能源消耗量存在巨大的差异，达3.5倍。当大量的农村人口涌入城市，这一数值还将继续增大，必然使能源供应缺口继续扩大。

目前，我国城市能源不仅供应缺口较大，而且能源效率还处于较低的水平，效率值仅为33.4%，国际先进水平已达43%，高出将近10个百分点。2000年，我国能源效率仅仅相对于欧洲国家20世纪90年代初的水平。早在1975年，日本的能源效率就已经达到36.5%。与发达国家相比，我国能耗强度较高，比世界平均值要高2~3倍。2011年，北京、重庆、西安等18个试点示范城市的平均单位GDP能耗为1.31吨标准煤/万元，而世界平均水平仅为0.43吨标准煤/万元。以北京市为例，其第二产业GDP贡献率为33%，而其带来的能源消耗却占据了能源消耗总量的68%，两者数值不成正比。与此同时，发达国家这一能源消耗值为30%~40%。2010年，北京市的能耗水平为世界平均水平的4.1倍。上海作为全国各城市经济的领跑者，其在各项节能指标方面的表现突出。然而，和发达国家的大城市相比，上海的能源消耗仍然很高。一次性能源的利用率方面，上海为35%，国际先进水平则超过45%；上海每万元GDP能耗是美国洛杉矶的2.1倍，是日本东京的4倍。这些数据都说明我国能源效率处于低水平，远远落后于发达国家。

此外，不合理的产业与投资也加剧城市能源依赖和环境成本。能源消耗大多来自高耗能产业，和国际数值相比，我国高耗能产业中的产品能耗超出的比例大约为46%，如钢铁、水泥、电解铝产业等。而自2002年起，我国的这些产业便处于急速扩张的状态，能耗持续保持增长趋势。2013年国内单位GDP需要使用2530克标准煤，到了2014年这一数值上升到了5198克。根据中国国家能源局的调查，高耗能产业带来的用电压力已经成为了我国18个省（市）缺电的主要原因之一。曾智泽（2012）指出，能源消费之所以增长迅速，最主要的原因就是高耗能工业的发展。高耗能产业的快速发展，甚至是发展过头，必然会使得能源越发的紧张。陈清泰（2013）也有着类似的观点，他认为我国目前已经处于重工业时期，对于能源以及资源的需求极大。机械、汽车、钢铁无疑都是高耗能的产业，而这些产业的发展会使得能源消耗加剧。有专家指出，我国能源总消耗有70%以上都来自工业能源消耗；我国高耗能行业的单位产品能耗也要远远高于世界先进水平。随着这些行业的企业打开国际市场大门，它们不但会使得国内能源紧张的局面进一步恶化，同时会进一步的破坏生态环境。与此同时，也会使得世界高耗能产业进入我国，加速我国能源消耗。控制人口城市化和土地城市化的速度，提高城市化过程中能源效率的生态经济效益是关键。

3. 能源结构失衡引致生态环境恶化

我国从1993年开始进口石油，发展至今已成为煤炭、石油、天然气与铀资源所有产品的净进口国，仅石油一项对外依存度接近60%，天然气在30%以上，总依存度在10%以上，能源安全和生态环境成为亟待解决的问题。我国作为全球唯一以煤炭作为主要能源的国家，煤炭在能源消费中占65%以上，生产消费量超过全球的30%。但是我国用煤却存在很大的浪费，除了30%用作发电实现了充分燃烧外，剩下的70%均未通过洗选便直接用于燃烧，产生的二氧化硫与烟尘排放高达所有排放的70%~80%，因此形成的酸雨危害面积已经攻陷了我国近1/3的国土。尽管我国二氧化硫、氮氧化物排放已于2006年和2011年先后达峰，但由于我国化石能源尤其是煤炭消费比重居高不下，电力热力行业和能源密集型工业在用能方式、环保技术应用等方面与发达国家存在差距，我国二氧化碳、二氧化硫和氮氧化物排放强度远高于美国与法国等国家。因此形成的城市空气污染问题也持续存在。

化石燃料二氧化碳的排放是我国温室气体的重要来源。当前我国由于大气污染造成的损失已达GDP的3%~7%。按目前的发展趋势，预计2020年将达到13%。显然，我国城市以煤为主的能源结构导致了严重的城市生态环境问题。上海生态环境的恶化也与其能源结构密切相关，其煤炭的消耗量占比达60%，清洁天然气只有1%，而在发达国家，城市煤炭的使用比例通常仅为30%，天然气为24%。可以预计，国内能源尤其是化石能源的绝对消耗量还会保持持续上升的趋势。能源结构失衡导致的生态环境恶化不仅体现在气候环境上，在水资源、土地资源与生物资源也均有体现。

4. 经济新常态要求深化城市能源改革，提高能源的生态经济效益

所谓经济新常态，指的是国家宏观经济在经济危机或调整后的过渡阶段中呈现出的态势。而相对的，旧常态指的是粗放型、数量型、扩张型的状态，其驱动力来源于低成本。

2014年6月习近平总书记在中央财经领导小组第六次会议上提到，在能源供需不断变化、国际能源不断发展的今天，要使得我国能源得到充分的保障首先应当要推动能源生产和消费革命。党的十八大报告制定了能源工作任务，即深化能源生产以及消费改革，将能源消耗控制在合理范围内。

经济“新常态”的主要特点在于集约和质量，这也是两种常态最明显的区别所在。2008 年全球经济危机，使得全球经济迎来“大调整”阶段。处于这样的时代和经济背景下，再加上国内各种阶段性因素彼此影响，我国的经济进入“新常态”时期，经济增速逐渐放缓，同时也表现出和周期性调整有所区别的新现象。经济新常态下，GDP 同样重要，但其增长方式却是不同的，简单来说就是要从发展模式的角度，对 GDP 增长进行重新定位，把 GDP 增长融入再生型增长方式、生产力发展模式中去。对可持续发展有利的增长速度越快越好，对可持续发展有利的高速增长，也是新常态下所需实现的目标。经济新常态下最主要的任务就是在准确定位经济增长点、保持经济结构对称态的前提下，推动经济实现快速的可持续发展，当然这里面也包括了 GDP 的高质性增长，也就是媒体经常提到的“调结构稳增长”。在各国经济持续发展的推动下，能源消耗量呈现出不断递增的趋势。2010 年，我国成为全球最大的能源消耗国，而美国排名第二。2014 年，国内能源总消耗量在 38.5 亿吨标准煤左右，同比增长 2.7 个百分点。其中，64% 为煤炭，而一些绿色能源的消耗量，比如水电、风电、核电等的总和也只有 16.9%。随着雾霾等环境污染问题的进一步加剧，新常态经济对能源结构优化提出了新的要求，在放缓经济增长速度的同时，不断改进能源消费与供给结构，加强对新能源的开发与运用，加快对能源产业进行改革与结构的调整和优化，打破垄断，以达到经济发展与环境保护的平衡。

1.1.2 选题意义

研究我国能源的生态经济效益评价及其驱动力问题，对我国构建能源、经济与环境之间的联动机制，提高能源的生态经济效益具有重要的理论意义和现实意义：

（1）针对城市能源的经济、环境效益评价理论和评价方法不系统的现状，研究城市能源生态经济效益的评价指标、评价方法与模型、能源效率的驱动因素、时空变化规律与空间差异特征，有助于进一步把握能源消耗现状，掌握经济效益和环境保护之间的辩证关系，为提升能源使用的生态经济效益有重要意义。

（2）明确能源经济效率和环境效率的内涵，构建相应的评价指标，对提高城市能源的生态经济效益形成有效的激励和约束，可为优化城市能源结构，加强城市环境保护提高环境效益提供有效的理论指导。

（3）针对我国城市发展过程中能源—经济—环境系统发展不协调的现状，研究能源消耗的经济效率和环境效率问题，理顺经济系统和环境系统之间的关系，对于我国经济的可持续发展、提升能源的使用成效、改善环境效益、加快经济发展步伐，打造良好的社会发展环境具有实践性价值。

1.2 国内外研究进展

1.2.1 城市能源系统评价研究

国际机构和国内外学者对城市能源系统评价问题进行了比较系统的研究。如 Gallego Carrera（2009）、Maximin Chabrol（2016）运用历史能源消费数据评价能源使用在欧洲城市变迁中的作用，发现能源供应变化与城市规模扩张成正比例变动，据此提出了一套科学的能源供应与消费评价指标体系。Diana GallegiCaiTeia，Alexander Macl（2014）则以经验方法为主，建立体系对社会尺度做评价，这个体系将 26 个指标分成 4 个方面，能源供应是否安全可靠、政治方面的稳定合法、社会的风险性以及个人要面临的风险等。国际上的一些大型的能源企业和国际能源机构，一直都在关注世界能源形势的发展，持续发表关于能源形势的官方报告。国际能源机构一直注重新能源的发展以及可再生能源的利用，其提出的世界能源展望系列从全球各个国家出发，分析能源消耗的现状以及未来的发展，这是目前全球最权威的能源分析材料；英国石油公司则重点关注对化石燃料的研究，并每年都会统计能源系统的实情。2013 年，美国国际能源协会主要分析了不同种类能源的消耗和消耗的主体，并及时更新了数据资料。从宏观层面看，探究重心主要集中在研究方法，利用对数据信息的分析和归纳，来把握现状和预测未来的发展。

能源评价问题也引起了我国学者的关注。如付峰，张鹤丹（2006）借鉴了国际通用的指标评价方法，构建了适用于中国城市的能源安全指标评价体系，并利用10个典型的中国城市进行了案例分析。孙天晴（2010）在建立了城市能源系统网络模型的基础上，归纳了影响城市能源系统的指标。利用层次分析法筛选出9个关键指标，以构建全面的城市能源系统综合评价体系。苗韧（2013）以能源可持续发展的内涵及经济社会可持续发展的基本需求为出发点，设计出了中国能源可持续发展综合评价指标体系。徐桂芬，张勇（2011）以北京市为例，通过分析城市能源宏观可持续的内涵，基于驱动力（driving forces）→压力（pressure）→状态（state）→影响（impact）→响应（responses）（DPSIR）概念模型构建其评价指标体系。申振东（2008）依据贵州省能源的实际情况，侧重能源安全的角度，结合3E协同和可持续发展协同，选择出能源与经济、能源结构、能源供需、能源与环境及能源效率5个因素构成城市能源评价体系。付林，郑忠海（2008）从时间和空间的分布来研究能源的负荷需求，在此基础上提出了规划城市热力、燃气和电力等能源的方法，并分析城市的能源系统，通过模拟计算对城市的能源系统进行评价。

1.2.2　能源可持续发展评价研究

可持续发展评价指标体系涵盖了多个层面，如社会指标、经济指标、环境指标等，其中比较经典的评价体系是由国际原子能机构（International Atomic Energy Agency，IAEA）创建的能源可持续发展指标体系（EISD），这一体系是借鉴联合国可持续发展委员会（CSD）制定的《可持续发展委员会关于可持续发展指标的工作方案》，不过更为详细，它将社会、经济以及环境的发展子系统共同地融入驱动力—状态—反映（Dring force - State - Responce，DSR）框架里面，其专题层中的指标涉及能源安全、效率、结构等，而且还有来自经济、社会和环境可持续发展方面的指标，覆盖面十分宽广。各国政府也结合自身的国情，制定了能源可持续发展指标体系。比如英国的体系就涵盖了四个方面的主题，涉及经济、能源开发和生产的可靠性、价格和竞争、环保目标等内容。英国能源白皮书对能源发展的目标进行了总结和阐述，包括提高家庭能源富裕程度、可靠地开发并供应能源、打造高竞争水平的能源市场。由此可见，该国能源指标体系中的四大主题和上述四项目标之间是一一对应的。欧盟创建了较为系统的指标系统，可持续发展指标体系的评价途径和研究模型主要包含这些方面，即层次分析法、多维灰色研究模型、模糊综合评判法、人工智能评价法等。苗韧（2013）等首先对我国经济社会实现长期稳定健康发展的需求以及能源可持续发展的内涵进行分析，接着从高效层面、经济层面、清洁层面、经济层面、低碳层面系统分析了能源的可持续发展。学者刘进科（2013）将能源经济系统分为能源、经济、环境、人口四个子系统，侧重于能源和其他主题的可持续性彼此间的关联，完成了能源可持续发展水平的评价。指标体系在可持续发展评价领域中起着重要的作用。杨沫（2011）以能源经济的可持续发展理论为指导，创建了一套较为完善的能源经济系统可持续发展评价指标系统。该体系由四个子系统构成，即能源利用、环境保护、经济以及社会。作者运用该体系对河北省的能源经济可持续发展展开了评估以验证该体系的科学性和有效性。邓伟根（2012）基于循环经济视角，将能源可持续发展能力评价指标体系分为：社会可持续发展系统、经济可持续发展系统、环境可持续发展系统和能源安全系统。向铮（2016）以可持续发展理论为指导，将我国能源发展系统分为经济发展、社会发展、机构发展、环境发展四个子系统，在分析中国能源发展现状的基础上，将能源发展系统进行了中长期评估以及定性与定量方法相结合的模拟比较，并进一步构建了能源可持续发展的综合评价指标体系，应用层次－主成分分析法对中国能源可持续发展状况进行了评价。能源系统是一项非常复杂的系统，它的特点主要体现在开放、非线性两个方面。因此构建能源系统评价指标体系时，会碰到很多的难题，比如指标和结构难以确定、指标彼此间关系的模糊等。另外在指标的筛选方面，人们也未能找到行之有效的方法，因此现有的很多体系都存在信息漏洞或重叠的问题，从而导致评价结果不够科学和准确。

1.2.3 能源效率评价研究

目前，学术界关于能源效率的概念多种多样。Patterson（2003）指出，能源效率指的是使用更少的能源生产单位商品或服务。Bosseboeuf（2009）

所理解的能源效率的范围更为广泛，他们指出能源效率指的是在降低能源使用量的同时，保障或提高生活水平。从技术经济分析角度来看，能源效率指的是在技术发展、生活方式变化等的影响下，某种能源用量的降低。国内绝大多数的研究人员都持有这样的观点：能源效率属于指标集合。魏楚（2009）以测算方法为依据，将能源效率的指标归为四种类型，即热力学、物理—热量、经济—热量、纯经济指标。魏一鸣（2010）根据前人的研究结论，提出了七种能源效率指标，如宏观效率、实物效率、价值效率、经济效率等。他还在研究中逐一阐述了这些指标的理论支撑、应用前提和范围、优劣势等，要全面地揭示出能源效率水平，必须综合运用所有的指标进行评价。张少华（2016）指出，能源效率评价，即如何科学合理地测度能源效率水平是能源效率研究的首要问题。他认为：从单要素能源效率到全要素能源效率，参数法与非参数法等常见的测度与分解方法都存在着不同的优势与不足，在不同的条件下有着不同的适用性。另外，相当一部分学者从影响能源的各项因素方面着手展开研究。大部分学者认为，技术发展和产业结构的优化，能够使能源效率得到显著的改善。Maddison（2005）指出，如果生产率及其增长速度都处于较低水平的部门的能源要素，被生产率及其增长速度更高的部门所吸纳，总的经济实体能源效率就会有所上升。Renshaw（2008）认为，能源和价格、产业结构都是和能源效率存在关联的因素。吴巧生（2006）发现，导致国内能源消耗强度降低的关键原因在于能源使用效率的普遍提升。对于工业部门而言，根本性的原因则在于技术水平的提高。王群伟（2010）应用 Malmquist 指数进行分析，结果表明技术效率的提升，比技术发展对能源效率上升带来的贡献更大，造成这种现象的关键原因在于技术进步总伴随着回弹效应。袁晓玲（2009）指出，影响能源效率的最主要的因素在于工业、产业、所有权三者的结构以及能源因素。其中，产业结构、工业结构和全要素能源效率之间是异向变化的。而且国有工业产值和工业总产值的比例和全要素能源效率之间也具有这种变化关系。不过，这一点受到了很多学者的怀疑。KHazzoom（2008）指出，技术进步是能源效率的影响因素，但这种影响关系和其自身的回弹效应是否存在关联还是未知的。史丹（2008）提出，随着产业结构的变化，其对能源效率积极影响作用会不断降低，甚至有可能转为负向作用。李廉水（2006）指出，对于工业部门而言，影响该部门能源效率的最重要的因素是技术效率，而非技术进步，不过技术进步所发挥的作用正在不断提高。张志辉（2015）通过研究发现：技术差距拉大导致中西部与东部之间的能源效率差距呈不断扩大趋势，地区间的产业分工和产业转移，不仅造成区域间能源效率差异，而且使各地区内部省际能源效率也发生明显分化；经济发展水平、政府干预、城市化、产业结构、产权结构、资本深化、经济开放、能源结构和能源价格对能源效率均有显著影响，但其影响机制存在差异。

1.2.4 城市能源系统管理方法

20世纪80年代，欧美、日本等发达地区将区域能源规划引入到城市设计领域中来，旨在为可再生能源系统发展创造更好的条件，为能源效率的提高提供更有效的指导。此后，国内很多研究机构和学者也开始涉足区域能源规划研究范围。从宏观角度分析，区域能源规划是针对国家、各省、各市、各区域所展开的全面规划，具体而言就是在一定的地理区域中，针对该区域日后能源的发展和使用进行规划，结合当地人口增长、产业发展、交通现状对能耗的影响，立足于本地实际，对能源使用现状实施研究，从能源供给层面、需求层面、能源框架层面、节能运用层面制定了一套较为系统的探究方法。

区域能源规划的关键在于将研究对象范围内的能源系统统筹起来，并不断提高资源配置的合理性水平，严格落实顶层设计、系统规划、方案设计、政策保障等阶段的工作，从而实现能源生产、使用、运输、储存、节省等方面的目标。在开展区域能源规划工作之前，通常都要划定示范区，重点关注城乡能量供应和使用系统，从而起到提高资源优化配置的作用。区域能源规划是国内能源发展战略的重要组成部分，在对其进行研究的过程中，我们要积极地引入并消化该领域内的顶尖技术，同时还要充分考虑到我国的国情。因此，本书首先梳理以区域能源规划为对象的研究成果，为国内能源规划研究奠定扎实的理论基础。

进行区域能源规划时，使用的地方性能源参数越多，针对能源系统实际情况的评价结果越准确，而且能够为人们提供直观的规划方案对比结果。区域能源体系中的目标措施多是立足于地区实情、基础设备实情、能耗实情、能量供应形式等多方面的系统性战略目标，是借助动态化研究技术和非线性化研究技术，制定的多元化目标研究模型，从而实现预测和拟合的新技术。20 世纪 60 年代，该技术迎来发展高潮，Pereira（1991）在其研究中创建了随机最优化研究模型，该研究模型选取了多样化的研究参数，且立足于多元化的层面创建了丰富的变量研究模型。通过这些模型，人们能够对节能措施在经济和其他方面的效益进行评价。Linkov（2010）、Devadas（2001）、Zincone（2013）在研究时，采集欧美环境管理数据样本，运用多学科、多领域的理论方法，对决策理论模型进行调整和优化，同时综合运用物理建模和工程优化的方法，进一步提高了动态决策技术在规划领域中的价值。

区域能源多目标动态决策系统研究方面，以清华大学为主要机构，借助先进的科学技术，创建了较为健全的研究模型，比如 LEAP 长远能源替代规划体系、MARKAL 综合能源体系改进模型、世界能源署 IEA 能源科技与系统剖析项目 ETSAP、MESSAGE 模型耦合能源需求 MAED 模型，为能源规划决策的稳步贯彻奠定了扎实的基础，且为城乡能源发展带来了合理的规划办法。2008 年，付林提出以动态以及空间分布作为基础的城市能源规划办法。作者在调查搜集材料的基础上，结合城市发展规划所涉及的热力、燃气以及电力等方面的规划，按照城市能源体系现况与调查获得的资料选取能源负荷以及转换特征库，当作城市能源体系情形的输入指标，利用相关软件进行模拟运算，并通过评测系统判定方案是否可行。此方法采用的软件在管网配送水力运算软件的基础上，同地理信息体系以及环境污染物剖析软件等相结合，做到了规划结果的显现。刘立平、李开勤（1989）经过对 HREM 研究模型的充分研究，创建了完善了地区级能源发展规划体系，且借助效益关联模型、MEDDE 模型以及能源系统优化耦合模型，实现了体系的建设，为适应国内的地区能源多目标动态化决策体系的建设贡献了自己的力量。

地区能源规划决策支持体系运用方面，我国发改委能源研究所等多个国内科研组织把 LEAP 等剖析软件在多个地区获得运用，比如天津市中新生态城综合资源规划（2010）、湖南省可再生资源规划（2011）、济南市环境资源规划研究（2003）、柳州市能源规划（2005）等。龙惟定（2005）以此作为基础更深入的健全了地区建筑能源规划，引进综合资源规划

(IRP) 办法，融入能值理念，通过能源资源前景剖析、碳夹点科技等。2009 年，最低化清洁能源用量的图形方法，形成了受碳排放制约的能源规划问题的整体曲线，还能够累计二氧化碳排放量，累计能源用量组合曲线图，明确最低清洁能源目标、能源需求构成及所相应的二氧化碳排放量，最后从量化方面获得了碳减排的值，为规划的前期与后期评测给予了经济性与减排性的评测支撑办法。此办法在很多城市建筑能源规划中获得了运用。通过 GIS 等较为发达的地理信息体系，能够达成可视化规划。Hoesen 与 Letendre (2013) 评测了可再生资源体系的内在作用，并利用 GIS 科技做了地区能源规划，并将其同管理相互结合，建立了以管理为目标的规范办法，Pettit (2010) 通过 GIS 规划支撑体系针对不同的发展情形做了讨论。地区能源规划所包含层次与流程如图 1－1 所示。

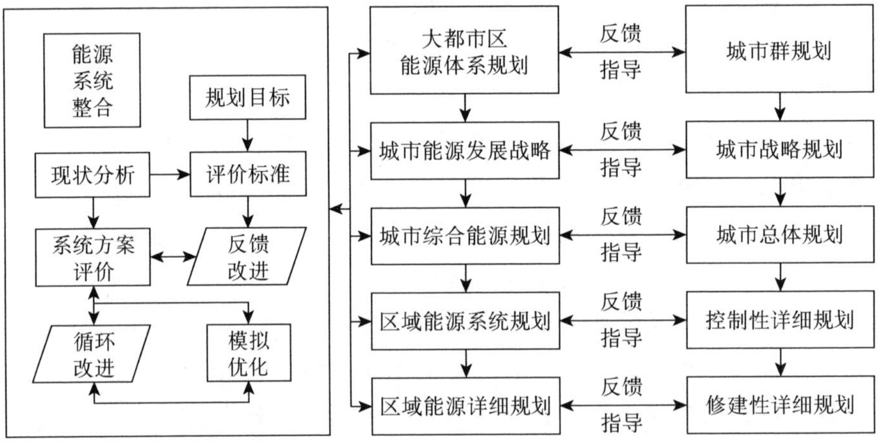

图 1－1　能源系统规划的一般范式

1.2.5　能源系统分析模型比较

能源系统分析模型主要历经三个发展时期：独立能源模型、大规模能源模型和人机交互能源模型。现阶段研究成果较为丰富，主要包括：数据外推系统模型与集成结构模型。前者没有直接经济系统的互相作用以及平衡规律，只是以数据之间的关系来进行外推。后者考虑的则比较综合，将经济能源系统多种变量关系都考虑进去，利用经济学和能源学的规律来建立模型。显然，后者集成结构模型的使用是更广泛和方便的。

国内外研究能源规划模型方面，共有两种典型的建模方向，一个是自上而下的宏观经济角度，另一个是自下而上的工程角度。依据起源、研究内容和方法、模型功能和研究层面等来划分能源规划模型，现阶段我国常见的区域能够再生的能源都是利用能源规划模型或者是国家规划模型，这里面就包含能源市场的分配模型以及长期能源替代规模系统模型、能源供应战略方案和环境综合影响模型、亚洲气候变化总结评价模型等一系列模型。另一类即以电力领域作为关键点的能源规模模型，主要是可再生电力混合优化模型。

1.2.6　外国城市能源系统改进范式

通过研究城市规划与能源关系之间的关系，不难发现世界发达国家在城市能源应用方面的整体状况具有方法全面、技术先进等特征，实现了城市规划与建设节能、发展新能源与城镇污染防治、调整能源结构与发展清洁能源等方面的融合。

1. 城市规划与建设节能相融合

世界发达城市把规划与节能相互融合，这些城市所采用的节能举措有助于节能的规划，办法主要包含：①把城市建设与节能融合在一起，坚持紧凑化城市发展之路。比如荷兰城市方面维持较大的密度，规避“郊区化”情况发生。由此能够较为高效的建设并利用城市的公共设施，节省土地资源并保护自然环境，实现节能的目标；②把城镇系统的空间构成与节能融合起来。人口数量高于 200 万的城市都必须采用有机疏离的发展方式，不然会带来巨大的能源浪费；③把城市土地应用方法与节能融合起来，注重土地应用功用的适当融合。住所同工作地点的距离要最大程度的靠近，规避发生工作地点与住所明显分区的情况，以降低交通距离与能源损耗；④把优先发展城市公交系统与节能相融合。城市公交系统越健全，能源消耗也就越小。欧洲先进国家与美国相比，人均拥有的汽车量相当，可人均能源消耗仅占美国的 1/2，公交系统发达是最重要的原因之一。

2. 发展新能源与城镇污染防治相融合

人们在城市中的活动带来了数量庞大的废弃品，消除这些废弃品既是破解城市艰难处境的一个重要部分，也是破解城市能源消耗的一大重要渠道。利用城市废弃品发电在国外很多发达国家城市都是重要的能源供应方式之一。日本通过焚烧处置的垃圾总量所占全国城市产生垃圾总量的比重很高。大阪市共有10座垃圾焚烧厂，基本上对所有能够通过焚烧处置的废弃品都做了处置。瑞士、新加坡等国家利用垃圾发电的推广率也都大于80%。国际城市废弃品能源化处置办法包含：利用这些废弃品进行发电与供热、生产液态燃料、生产固态燃料、生产气态燃料。日本还将城镇废水当作能源使用。因为废水这一能源在还没有应用的能源中所占比重非常大，具有极大的开发应用前景。日本相关部门对于下水道能源的研发应用重点体现在下述4个方面：①下水热能的应用；②用于小功率水力发电。据估测，日处置量为40万吨的处置场，水流量均值为0.85m^3/s。水流有效落差均值为5.4米，整体效能为0.75时，功率达到34千瓦，每年发电17亿千瓦时；③利用下水道的淤泥燃烧炉热量来进行蒸气发电；④利用下水道淤泥制造水泥。

3. 关注可再生能源的利用

国外城市很早就意识到可再生能源在城市中的利用问题。早在1971年，生态城市的概念出现在联合国教科文组织的“人与生物圈计划”会议上。而1973年“特别侧重于能源利用的城市系统的生态问题研究”的研究课题也出现在联邦德国 Bad Nauheim 召开的第11次课题专家小组会议上。2014年11月，以“可持续发展的世界太阳能城市”为主题的第一届世界太阳能城市大会在韩国召开，大会发表《大邱宣言》——“制止日益恶化的生态环境”，推动全球可持续发展得到充分探讨并通过，同时发表《加拿大城市绿色基础设施导则》。这篇导则全方面介绍了一部分有关绿色基础设施的主要观点，内容包括了最有作用的实践和政策等。把能源系统作为绿色基础设施的一个重要构成部分是该导则的主要特点之一。

4. 推广节能城市计划

日本东京曾在2001年提出计划要把东京建成一座“节能型城市”。东京节能城市的建设几个显著特点：一是目标明确，二是提出行之有效的办法，还有资金补贴办法和融资措施。他们的节能目标是2010年要比1996

年的总耗能下降 1%。同时采取了以下三个方面的办法：一是提升能源的有效利用率，全面提升所有居民的节能和环保意识，自觉遵守节能规则。建筑部门也配合建设节能住宅和节能大厦，推广建设集中冷暖供应的小区。同时交通运输部门全力推行交通的通畅，让物资流通更加合理化、高效率化。还要加大公共推广力度，让更多的人选择公共交通工具，尽量少用私家车。二是宣传用新能源，比如在家庭和办公室可以选择太阳能发电系统，还用“绿色能源”汽车，比如电动汽车、太阳能汽车等，尽快建设垃圾处理发电，推行城市热源网络化的想法，同时地热资源的开发利用也要研发。三是特殊时期的能源供应得到保障。为了保证前述政策能顺利进行以及实现目标，东京市还发布了一些资金补贴办法和融资措施，比如支持中小企业研发节能产品，或者通过环境管理体系的 ISO14001 标准认证，同时对使用集中供热、集中供冷的用户进行奖励。另外，政府工作人员带头，夏季的时候空调房间的温度都必须高于 28℃（上海 2005 年规定夏季空调房间温度不低于 26℃），以此让大家意识到节能的重要性。

另外，从地域上看：

（1）美国的地域能源规划非常重视技术的应用，联邦政府在很多城市设立了示范区。美国可再生能源实验室提出比美国的能源规划更加务实，并具有多样化特色—要分散式能源技术整合系统，将能源系统和其他的应用集成起来，结合技术、经济、社会等方面的要素，开展规划和分析工作，确保能源系统恶化其他系统彼此间的影响和依赖处于有效的控制下；

（2）欧盟注重建设智能能源网络。2012 年，欧盟制定了一项“智能城市和社区欧洲创新伙伴行动”计划，这一计划涉及新能源控制、智能交通、物联网等先进技术的应用，从示范区开始，逐步推行。德国政府对可再生能源系统的地域应用给予了高度的重视，并提出前期的方案设计及规划阶段，要整合能源系统的设计和管理系统，从而以负荷为依据，对能源资源进行合理的配置，促进能源供给、应用效率的不断提升。相比之下，欧盟则是从实时能源管理、零排放建筑、智能交通等可行性比较强的方面着手的；

（3）日本则提出能源信息通道建设。日本的区域能源规划涉足节能的各个方面，比如节能技术、节能材料和节能管理等。2010 年 4 月，日本经济贸易产业省开始实施“智慧能源共同体”项目，该机构将高度智能的信息交换和控制系统引入到电、热能的配置和运输上来，从而对区域中热能和电力的转换提供有力的技术支持，不断使用可再生能源取代传统能源。2011 年，该部门制定了《绿色 IT 战略》，该战略的主要目的之一是进一步发挥智能信息和通信技术在提高能效方面的作用，将气候以及能源技术集成起来，搭建区域电力和多元能源综合管理系统。通过上述分析可知，日本的规划更为细致，而且将重点放在框架体系的构成部分——能源制度上。

1.3 综述评论

1.3.1 能源经济环境效率重微观轻宏观

在我国，学者们以部分地区为范本，对于城市能源规划模型展开了系统性的研究，2014 年，K. Feng，K. Hubacek 对北京市、天津市等地区展开研究，创建了较为完善的二氧化碳消费核算模型；2007 年，B. Cai，L. Zhang 经过对电力系统的研究，结合能源环境政策的现状创建了长期发电外部成本分析模型，立足于各个层面对发电外部成本的发展趋势展开了研究；2014 年，B. Cai 以国内空间边界城市为研究范本，创建了较为完善的二氧化碳排放研究和比对模型；2014 年，L. Ren 以山东省为研究对象，创建了较为系统的能源消费和碳排放研究模型；2004 年，学者佟庆等人以北京市为研究对象，借助 MARKAL 研究模型对该地区的能源排放体系实施研究，为制定科学的能源规划提供了扎实的保障；余岳峰（2008）以上海作为分析主体，用 MARKAL 能源系统模型对上海市的能源体系和经济发展实情展开了模拟研究。2013 年，宋杰鲲以山东省为研究范本，对该地区的能源消费实情展开研究，创建出了较为系统的能源——经济——电力综合规划研究模型。

显而易见，很多研究模型均是立足于特殊的层面对能源系统展开探究，例如碳排放层面、能源供需层面等，这些能源领域规划设计模型均是从能源工程角度出发，有参数化的能源污染排放数据，也有能源建设成本与收益数据，自下而上的研究往往适应于工程领域，而不能服务于宏观决策。

1.3.2　多能源可持续评价少驱动力分析

近年来能源的可持续研究迅速增长，主要集中于可持续发展的指标能源体系，综合考虑了经济社会、资源环境、技术进步、政策影响等因素，运用模糊综合评判法（林康奇，2007）、建立情景分析模块法量化评价（张安鹏，2016）（苗韧，2013）、基于能值生态足迹法（谭德明，2016）、遗传神经网络法（陈海燕，2010）等一系列评价方法对我国能源可持续发展进行评价，发现不同地区能源可持续发展水平差异明显；能源贫乏地区比能源丰富地区的能源可持续发展能力高，我国能源生态赤字呈不断扩大趋势，能源消费能力先增强后减弱，总体上看我国经济发展依赖能源消耗，仍是高耗能推动发展。但随着经济发展，能源消费效率逐步提高，居民生活能源消费所占的比例逐步增长。

关于能源可持续的研究注重评价体系的建立，对能源可持续能力变化的分析较少，尤其是基于数量评价后却只有定性分析，造成能源可持续发展“驱动力”分析的薄弱。

1.3.3　传统的单要素生产率无法刻画多元关系

单要素环境效率指标主要指某项主体的经济收益和环境要素投资之间的比例值。目前在很多国际组织中得以普及，在国内也不例外，例如，国家统计局与发改委在每年的省市 GDP 能耗指标公报中均采取了这项指标。

1.3.4　全要素生产率不适用于复杂模糊关系研究

全要素效率的测算思想由 Farrell（1957）年提出，主要指某活动在固定期限内的工作效率，指的是总收入和总投资之间的比例值，其是评价生产效益高低的重要依据。1996 年，R. Färe，S. Grosskopf 创建了较为完善的环境绩效指标，其主要做法是将全要素生产率划分成两个组成部分，即污染指数、投入—产出指数等，且以美国化石燃料电力企业为研究对象，对其环境效率展开分析；1997 年，D. Tyteca 以美国 1991 年的 48 家化石燃料电力企业为研究范本，借助三项线性规划研究模型对其环境效率展开探究；早在1975年，L. Sveikauskas从事过同样的课题探究，所得出的结论是，生产率和城市发展是呈正相关的关系，城市规模扩大一倍，生产率比值将增加6%~70%；2001年，张麟，刘光中以上海市、成都市等地区为研究对象，对其展开了动态化研究，为国内城市效率发展的异同点研究奠定了基础；2005年，李郇，徐现祥，陈浩辉以国内202个城市为探究范本，归纳出了1990年到2000年这10年间，国内城市效率的发展规律。王锐（2014）立足于动态化的层面对全要素生产率的发展趋势展开探究，研究出我国各个省份与区域和生产边界之间的效率变化规律和技术进步的情况；2012年，匡远凤，彭代彦立足于宏观的层面，利用马姆奎斯特指数和随机前沿函数研究模型互相融合的途径，结合环境要素对国内生产效率展开研究，并对1995—2009年要素生产率的发展规律展开探究；刘伟明，唐东波（2012）运用径向非角度方向性距离函数方法测度了2000—2009年之间我国30个省份的工业部门的环境技术效率值和环境全要素生产率变化值。

针对上述不足，本书将运用多区域投入产出法（MRIO）进行能源—经济效率分析以及根据生态足迹法（EF）进行能源—环境效率分析；进而运用主成分分析，K-Mean聚类分析、空间重心分析和空间相关分析等统计学和经济地理学的方法，212个城市10年间的能源生态经济效益变化情况；最后将运用STRIPAT和ANN模型分别分析能源生态足迹以及能源各类生态效益的驱动力，以持续提升城市能源的生态经济效益。本书将在面向复杂能源—环境—经济问题的综合评价方法的基础上，通过驱动力分析，使本书的政策建议能够具有更强的指导意义。

1.4 研究内容与方法

1.4.1 主要研究内容

本书的研究重心是借助对能源—环境—经济间内在联系的探究，进行能源—经济效率和环境效率以及生态经济效益的评价，进而探索能源生态经济效益的驱动力，为城市能源的可持续发展提供理论和方法借鉴。主要内容包括以下四个方面：

1. 城市能源生态经济效益的理论基础

梳理能源生态经济效益管理的理论基础、城市能源系统的结构特征以及能源可持续发展的评价方法，提出能源生态经济效益评价的基本框架。

2. 城市能源经济效益和环境效益评价

分别评价城市能源—环境效率以及能源—经济效率，即运用能值生态足迹法进行城市能源—环境效益评价及实证分析；运用 MRIO 法进行中国区域投资的能源—经济效益分析。

3. 城市能源生态经济效益的时空变化及驱动力研究

构建城市能源生态经济效益综合评价指标体系；运用主成分分析，K - Mean 聚类分析、空间重心分析和空间相关分析等统计学和经济地理学的方法，评价 212 个城市 10 年中能源生态经济效益的变化规律；进而利用 STRIPAT 模型分析能源生态足迹的驱动力；利用 ANN 模拟分析能源各类生态效益的驱动力。

4. 国内外城市能源可持续发展政策与政策标准探究

归纳国内能源生态经济效益的现有标准和政策；分析国外能源生态经济效益改善的相关政策；结合研究成果提出我国能源生态经济效益改善的路径与对策。

本书研究重难点主要包括：

（1）构建科学合理的指标体系用于评价能源经济效益与环境效益以及能源环境经济效率与效益综合指标体系；

（2）对于能源—环境—经济复杂系统的模拟与驱动力解构；

（3）梳理国内外能源可持续发展的政策与制度。

1.4.2　内容框架

第 1 章　绪论

本章首先阐述研究背景及意义；然后通过梳理城市能源问题的研究成

果发现研究的不足之处，从而确定本书的主题；进而明确研究思路、研究内容和技术路线以及预期取得的创新点。

第 2 章　能源生态经济效益研究理论基础

本章主要论述能源生态经济效益管理的理论基础、城市能源系统的结构特征以及能源可持续发展的评价方法等；同时，分析能源生态经济效益的内涵，提出能源生态经济效益管理的基本思路，并分析当前我国能源管理体系及其在能源环境效益管理方面的缺陷。

第 3 章　基于生态足迹分析的我国能源—环境效率评价

本章关注能源—环境效率的评价。本章基于 2006 年、2009 年和 2012 年的统计数据，借助能值生态足迹的研究方法，以国内 30 个省为研究对象，对其能源消费现状展开动态性评价，且对能源消耗和经济发展的内在关系，进行时间与空间两个维度的分析，进而深入探讨其变化的规律。

第 4 章　基于 MRIO 分析的我国能源—经济效率评价

本章关注能源—经济效率的评价。采用中国多区域投入产出（MRIO）模型，将中国大陆划分为八大经济区域，采用固定资本形成向量衡量区域投资规模及结构，定量核算 2007 年中国八大区域投资活动所诱发的经济拉动和能源消耗双重效应。

第 5 章　全国城市能源生态经济效益综合评价及时空特征

本章将能源的环境效益与经济效益综合考虑分析其时空变化特征。首先，界定能源使用的环境成本，能源使用的经济收益、环境效益以及生态经济效益等概念；进而构建城市能源生态经济效益综合评价指标体系；最后，综合运用主成分分析，K – Mean 聚类分析、空间重心分析和空间相关分析等统计学和经济地理学的方法，分析评价占全国 55% 的 212 个城市 10 年中能源生态经济效益的变化。

第 6 章　我国能源生态经济效益的驱动力分析

本章在前章节的基础上，利用 STRIPAT 模型分析能源生态足迹的驱动力；同时，进一步解构能源生态足迹，利用 ANN 模拟分析能源生态效益的驱动力。最后分析产业结构、产业规模对能源生态经济效益综合指标及各构成指标的影响。

第 7 章　能源生态经济效益提升政策研究

本章首先梳理我国能源生态经济效益相关的现有标准和政策；其次，

分析国外能源生态经济效益改善的相关政策；最后，结合前文研究成果提出我国能源生态经济效益改善的路径与对策。

第 8 章　研究结论与展望

本章首先阐述本书的主要结论，进而分析本研究的不足之处，最后是对未来研究的构想。

1.4.3　研究方法与技术路线

本书将运用能值生态足迹分析、投入—产出（MRIO）分析、主成分分析、聚类分析、人工神经网络模拟（ANN）、空间重心分析、空间自相关分析、可拓展的随机性环境影响评估模型（STRITAP），计量经济回归分析等方法，具体阐述如下：

1. 能值生态足迹分析法

能值分析的定义是将能值作为基础，将生态系统和生态经济系统里面不同的种类和不能比较的能量转变成一个标准的能值来进行分析，从而对其在系统当中的作用和功效进行评价。因为所有的能量都是来源于太阳能，换句话说就是所有的能源和产品以及劳务在逐渐形成的时候，都对太阳能量进行了消耗，这就是它所拥有的太阳能值。由于能值分析的生态发展其实就是把能值分析方法和生态足迹理论结合起来，所以首先应该把不同类型和不同等级的能量流变成能够进行合成和运算的太阳能值，接下来将能值密度引进来，把各个消费项目的太阳能值换成其对应的生物生产性土地的面积，这样就能算出我们所研究的区域的生态足迹和生态承载力两个方面，基于此可以对于可持续发展的现状进行确定。

2. 投入—产出（MRIO）分析法

投入产出分析方法的定义是对经济系统各个部门和行业之间的投入和产出之间数量依存关系的反映，而且作为数量分析方法主要应用于经济分析和政策模拟以及紧急预测、计划测定和经济控制等。投入产出分析里面的投入，实际上是指经济活动当中的所有投入及其来源。与此类似，投入产出当中所说的产出，就是经济活动的所有成果及其去向，既包括中间成果也包括最终成果。

3. 主成分研究方法

该研究方法也称主分量研究法，主要借助降维理论，对研究指标进行整合，归纳出具有代表性的研究变量，就是主成分，并借此对综合性指标体系展开研究，目的是用较少的变量去解释原来资料中的大部分变量。

4. 聚类研究法

该研究方法指的是对研究对象进行整合或者分类，再展开对象研究的过程。方法以相似性程度为依据，将数据归为不同的类型。就目前的现状来看，该方法在数学、计算机科学、统计学、经济学等研究领域中得到了广泛的应用。

5. 可拓展的随机性的环境影响评估模型（STRITAP）

可拓展的随机性环境影响评估模型由 York 及其研究小组利用已有的结论，比如 IPAT 等式，设计出这种随机回归模型，模型的表达式是：

$$I = aP^bA^cT^de$$

其中，I 代表环境压力，P、A、T 依次代表人口数量、富裕度和技术水平；a 表示模型系数；e 代表模型误差；b、c、d 依次代表人口数量、富裕度和技术水平的驱动力指数，表示每个驱动力指标变动时对总能源足迹的驱动程度。

6. 人工神经网络模拟（ANN）法

神经网络或类神经网络是从信息处理的方向来抽象人类的脑神经元网络，从而建立一些简单地模型，通过不同的连接方式建立不同的网络。神经网络其实是一种运算的模型，主要的构成是很多神经元之间的连接。一种特定的输出函数其实就由一个节点来表示，被称为激励函数。权重就是其中每两个节点的连接，同时代表一个利用这个链接信号的加权值，我们可以将其理解为该网络的记忆功能。网络输出和其连接方式有关，有权重值和激励函数不一样所以不同。而且网络本身基本上都是逼近自然界的一些算法或者是函数，是对逻辑策略的阐述。

本书的技术路线为：首先，分析能源消费的环境影响研究的现实意义；其次，梳理国内外研究的进展，并评述之；再次，详细梳理能源生态经济效益研究的理论基础，并在此基础上提出能源生态经济效益管理的基本框架。在理论基础的支撑下，本书开始四个章节的实证研究，基于能值的能源生态足迹分析，基于 MRIO 的跨区域能源经济效率分析，以及能源生态经济效益的综合评价及时空动态分析；最后进行能源生态经济效益的驱动力分析。在实证研究后，本书将梳理国内外在能源生态经济效益提升方面现有的政策及经验，并依据前述研究成果提出具体政策建议，如图 1－2 所示。

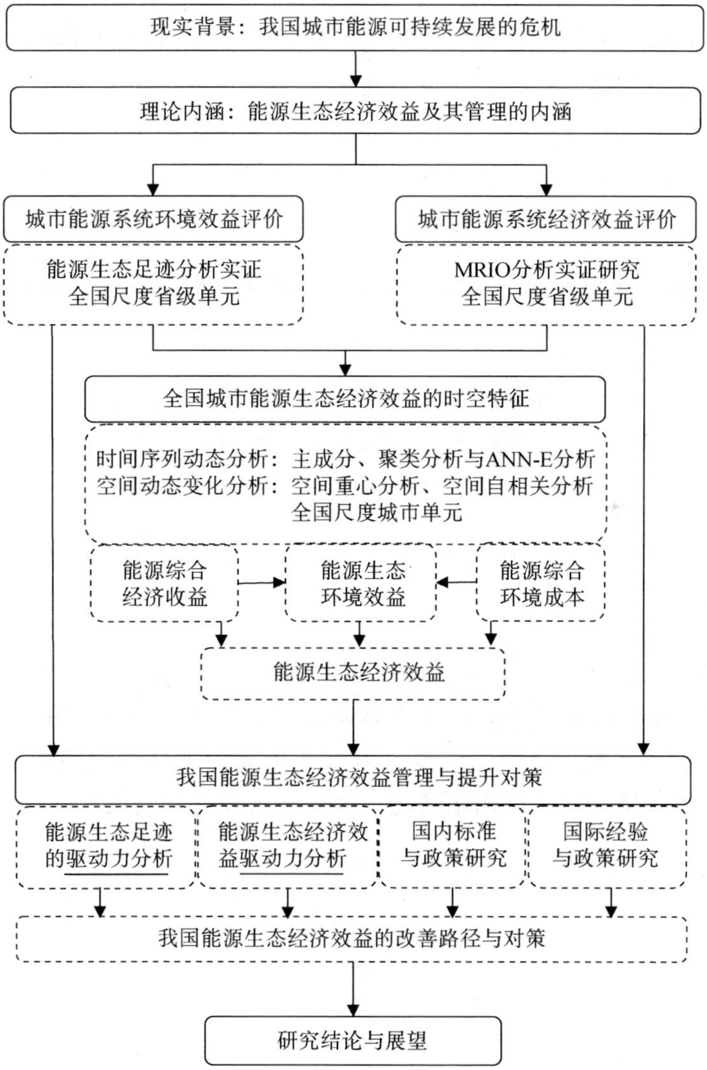

图 1－2 本书的技术路线

1.5 创新点

1. 丰富深化能源可持续发展理论，创新提出能源生态经济效益管理框架

针对目前过分关注能源经济效益忽视能源环境效益的现状，从能源经济效益和能源环境效益双重角度对我国城市能源的生态经济效益进行综合评价，并进而探讨生态经济效益的驱动力，该研究丰富和深化了能源可持续发展的研究成果，有助于改进城市能源消费框架，为提升能源消费的经济和环境效益提供有效的理论和方法指导。

2. 开拓能源生态经济效益研究视角，创新性的进行空间重心与空间相关性分析

通过空间重心分析和空间自相关分析探索全国尺度能源生态经济效益、能源综合经济收益，能源综合环境成本的变化，这是研究城市能源问题的崭新视角。

3. 探索能源生态经济效益评价方法，创新提出基于类型划分的专家判定法

本书提出“基于类型划分的专家判定方法（Classification Based Consulting)”，并应用于能源生态经济效益计算。此外，其他研究方法上也有创新改进，如首次使用全国尺度、地级市单元的时间序列数据进行研究；首次在能源环境评价中使用植被遥感数据，大幅提升数据准确性等。

第 2 章

能源生态经济效益研究理论基础

2.1 能源可持续发展的理论基础

2.1.1 复合生态系统理论

复合生态系统的定义指的是人类社会、经济活动以及自然条件三者共同组成的生态功能统一体。在社会、经济、自然的生态系统当中，主体是人类，而环境主要包括人类居住地方和区域生态环境以及社会文化环境，这些和人类的生存以及发展息息相关，主要发挥生产、生活、接纳，控制等功能，从而构成了比较复杂的生态关系。

持续的自然资源供应、良好的工作环境和技术的不断更新是经济稳定发展的保证，只有社会组织高效和社会政策合理下进行大规模的经济活动，才能取得预期的效果。同时，经济发展促进社会的发展，使社会财富积累不断增加，人类的物质和精神生活不断提升，自然环境也会因为受到社会的保护而持续保持。所以自然和人类的这种关系互相制约和相互补充，如图 2－1 所示。

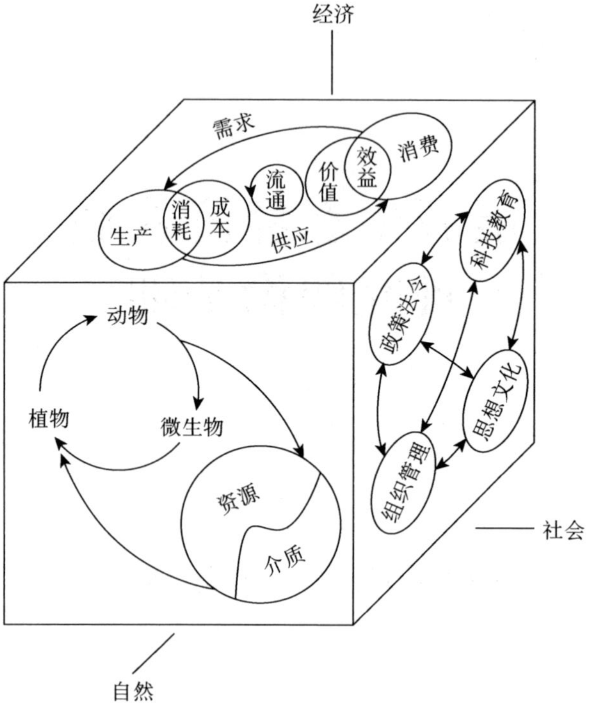

图 2-1　社会—经济—自然复合生态系统示意图

在这种复合的系统当中，人类是最活跃的积极因素，同时也是最强烈的破坏因素。兼具社会属性和自然属性的人类既是环境的利用者和保护者，又是环境污染的制造者。人类与环境这种相互关联、相互制约的关系是复合生态系统最基本的特征。

2.1.2　库兹涅茨环境经济理论

环境库兹涅茨曲线（EKC）起源于人均收入理论，库兹涅茨曲线主要用于反映经济发展和环境质量二者之间的关系。1995 年，美国经济学家路斯曼和布鲁格研究了全球 66 个国家的污染物排放量，发现人均收入水平和环境污染物质的排放呈现倒“U”形的关系。换句话说，国家在经济起飞阶段，环境污染较轻。伴随着经济发展，人均收入的持续提升，环境污染的排放量逐渐增多，导致了环境质量的持续恶化。但是，当经济发展达到了一定的规模，人均收入达到某一个特定的水平，环境污染的排放量就会随之减少，因而环境污染会随着人类收入增加而呈现负相关的关系，环境质量也会得到改善。环境污染改善对应的那个点被称为是转折点或者说是拐点，如图 2－2 所示。

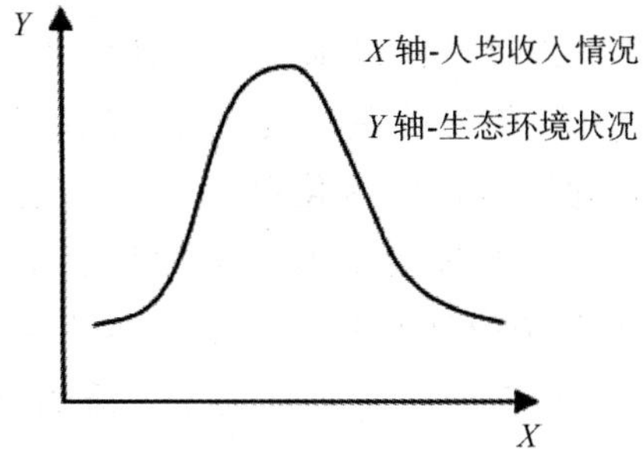

图 2－2　环境库兹涅茨曲线

2.1.3　资源环境价值理论

环境资源价值的定义是环境资源自身拥有的价值，同时还包括它对现在生产或者消费的贡献或者间接地支持现在的生产消费活动的价值。因为环境和自然资源都是公共物品，加上人类认识水平和技术的局限，人们只认可了一小部分环境和自然资源，大多数环境和资源的价值没有在市场中表现出来，因此需要借助市场的手段来体现这些环境和资源的价值。

目前主要有三种从不同角度确定自然资源和环境价值的价值理论：

（1）以劳动价值论为基础的资源环境价值观，它的定义是由物化在商品当中的社会必要劳动量所决定的商品实际价值的理论观点；

（2）以效用价值论为基础的资源环境价值观，其立足于这两个层面对价值的产生和发展过程中的经济学说展开研究，即消费者对产品效应的主观性评价、产品所达到的消费者的满意程度等；

（3）以存在价值论的资源环境价值观，是按照效用性能够把资源和环境价值看作使用价值的部分和不使用价值的部分两部分。显然，采用不同的价值观会对环境和资源价值的确认产生较大的影响。

2.1.4 人地关系理论

人地关系理论作为认为地理学的基础理论，主要是对人类活动和地理环境间的关系进行探讨。人类形成以来，人类社会的进步和地理环境的变化两者之间是相互依赖和作用的关系，这就是我们所说的人地关系。人类社会对周围资源开发和利用认识的深化过程就是人地关系的演进和发展，人们想要改善自己的环境和对环境发展的努力是基本的动力。换句话说，就是人们利用体外的工具来改造环境以前，人地关系是比较协调和稳定的。纵观人类的文明历史可知，正是人地关系矛盾的形成导致了地区和国家甚至是全球的变化，如图 2-3 所示。

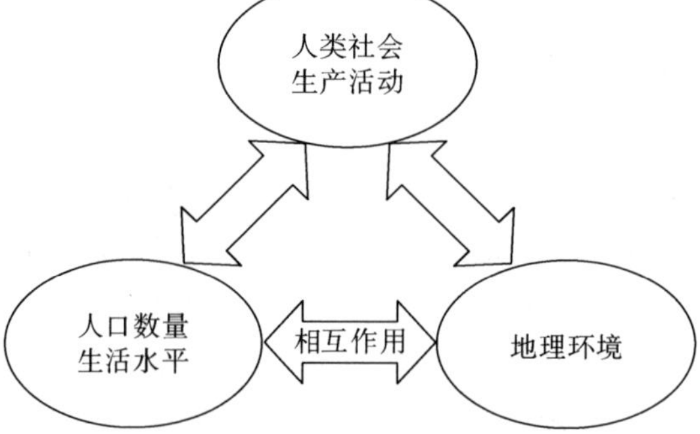

图 2-3 人地关系作用机制

人地关系随社会的发展而发展。在这个过程中，人地关系的演进受到人类社会需求变化的主导，资源环境通过自己的产出和服务扮演者决定人类人地关系演进活动的空间平台。社会生产力的整体发展水平决定了国家或者地区人口数量以及生活质量的高低。即一个国家或者地区人地关系演进的基本方向和速度受到人类社会生产方式和规模的制约，这是人地关系演进的基本机理。

2.1.5 规模效益与边际效益理论

规模效益是指如果企业的各项生产要素按照某一比例提高后，投入增加的价值会低于产出增加的价值。仅仅当经营规模不断增加的时候，它的全部要素投入上升幅度低于产量上升幅度时，才会产生规模效应。

边际效益属于经济学范畴，指的是经济组织为了实现经济利润的最大化会进行很多次的扩大生产，而每一次的扩大生产都会和前一次投资生产的效益存在一个差值，这个差值就是边际效益。其发展规律是呈递减形式的，就是总投资量固定的情况下，假如某种投资要素不断增加，那么商品的产量就会减少，二者呈现负相关的关系。

2.2 城市能源系统的结构特征与可持续评价

2.2.1 能源经济活动的结构特征

城市作为国家能源系统的宏观消费单元，其运行离不开能源资源的支撑。在加大能源供给量的同时，降低能源价格，这是城市从农村发展到现代工业甚至是服务型社会转变的一个关键点。城市系统中的一个重要因素就是城市的能源系统，它是以各种能源的使用和转变为特点的流动过程。

城市能源系统是非常复杂的，它涉及能源的生产、销售、运输、储存、转化、配置等活动。该系统的终极目标是快速、充分地满足市场对能源的需求。系统中任何种类能源的流动数量、方向以及状态，还有生产运输设备的特点和运行状态都受能源供应的影响。因而需要我们对一次能源供应和终端消费能源供应彼此间的关系有全面且准确的认识，对能源流动的过程进行全面的分析。能源系统网络图是一种能够直观、简洁地揭示出和能源流动有关信息的工具，在能源供应分析中发挥着重要的作用。它有助于我们加深对能源供给各个环节的认识和理解。基于我国城市的能源供应特征，对中国城市能源系统网络图的结构进行总结归纳，可将其简化为 3 个系统，即一次能源供应系统、能源加工转换和分配系统以及终端能源消费系统，如图 2－4 所示。

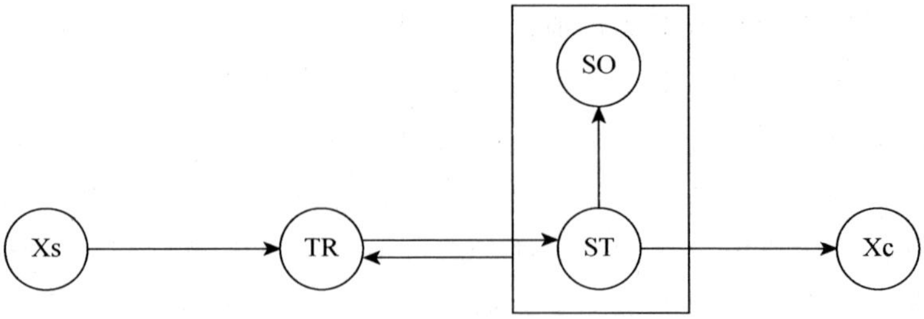

图 2-4　城市能源系统一般结构

这里：Xs 代表一次能源供应子系统；TR 代表加工转化子系统；ST 代表二次能源供应子系统；Xc 代表终端能源供应子系统；SO 代表二次能源供应系统与外部进行能源交换的子系统。

2.2.2　城市能源可持续发展评价

良好的城市能源系统综合评价指标应该具有以下几个基本特征：

（1）服务性，主要是指指标设置必须体现城市能源系统的特征，协助相关部门围绕节能目标，推进规划、计划、措施的制定工作，最后实现产业结构的合理调整；

（2）系统性，指标体系必须包含能源供应、消耗以及环境影响等内容，应能反映能源利用和配置的效率以及能源和经济两方面系统彼此间的关联；

（3）代表性，代表性是任何科学的指标体系都应该具备的特征，它对整个体系的评价目标起到全面支持的作用；

（4）可操作性，目前国内能源统计工作远不够细致，因此在确定指标的时候要充分考虑数据的可获得性。

对于能源系统而言，其必须遵守的一项原则是安全性，其主要渗透于能源供给、能源储备和需求的变化等因素。这其中能源加工转换和分配系统非常关键，发电和供热等主要转化环节决定城市能源从供应端到消费端一次能源加工转换的效率。终端能源的供应能够通过每个产业能源经济产出和人均生活能耗数据来进行刻画。能源结构的利用方式在很大程度上能够对能源利用效率进行体现。

表 2-1 中的城市能源可持续综合评价体系其实是一个层次多、目标多

的体系，包含能源供应、利用效率以及环境三大方面，可用于评价城市能源系统的状况以及变化的规律。

表 2－1　城市能源系统可持续发展评价的传统指标体系

<table>
<tr><th>目标层</th><th>决策层</th><th colspan="2">指标层</th></tr>
<tr><td rowspan="5">城市能源综合评价指标体系</td><td>供应指标</td><td colspan="2">能源自给率（%）
能源储备量（天）
能源供应总量变化率（%）</td></tr>
<tr><td rowspan="3">效率指标</td><td>宏观效率指标</td><td>万元 GDP 能耗（t/万元）
万元工业增加值能耗（t/万元）
第三产业万元产出能耗（t/万元）
人均生活能耗（t/人）</td></tr>
<tr><td>结构效率指标</td><td>煤炭占一次能源的比重（%）
煤炭集中利用率（%）
原油占一次能源的比重（%）
油品占终端消费的比重（%）
天然气占一次能源的比重（%）
外来电占耗电总量的比重（%）</td></tr>
<tr><td>转换效率指标</td><td>炼油效率（%）
发电及供热效率（%）
炼焦效率（%）</td></tr>
<tr><td>环境指标</td><td colspan="2">城区 SO_2 10 年日平均浓度
城区 NO_2 10 年日平均浓度
城区 PM　10 年日平均浓度</td></tr>
</table>

2.3　能源生态经济效益及其管理

2.3.1　生态经济效率与效益

生态经济效率（Eco－Efficiency）是由 Schaltegger 及其研究小组在 20

世纪 90 年代初首先提出的。这一概念后来被世界企业可持续发展理事会（WBSCD）所采纳并不断走向成熟。它指的是在通过竞争性定价产品和服务保障人民生活水平的基础上，不断压低生命周期的生态影响以及资源强度，确保二者不超过地球的承受范围。后来更多的国际性或地区性组织以及学术界对其定义和内涵进行了拓展，并认为它的核心在于确认经济、社会以及环境的和谐程度。国内学者们也关注生态经济效率的核算，主要表现为：

（1）提出新的测度方法，如因子分析、数据包络分析、DEA 模型等测算生态经济效率；

（2）重构生态经济效率评价指标体系，以生态环境和经济发展为切入点，展开区域差异分析以及动态演化研究。

依据 WBCSD 的定义，生态经济效率的量化评价随投入与产出指标而定，可以表示为：生态经济效率 =（产品或者服务的价值）/对环境的影响。

生态经济效益（Eco - Benefit）与生态经济效率（Eco - Efficiency）的关键差别在于前者是总量概念，后者是一阶导数概念（可以是时间的一阶导数，也可以是土地面积、资源投入、资源消耗的一阶导数）。现如今，学术界关于生态经济效益的研究主要体现于这些方面，即社会、环境、经济等。具体说来，常用的社会效益指标通常包括人均收入水平、教育水平（大中小学入学率、师资水平等）、卫生保障水平（病床数、医院数、医生数等）、文化服务水平（图书馆数、电影电视制作时长等）；常用的环境效益指标包括环境基础设施供给（污水处理厂数目、垃圾处理厂数目、环境投资、绿地面积、公园面积及个数等）、环境消耗（废水、废气、固废消耗）、资源消耗（水耗、能耗等）；常用的经济效益指标包括生产总值、产业结构（各行业产值比例）、固定资产增加值、财政收入等。

如图 2 -5 所示，本书认为能源生态效益是一个综合概念，包括了围绕能源消费与环境关系的各方面问题，主要聚焦在经济收益、环境改变以及这二者之间的替代效率变化。前两者是总量意义，而最后者是边际意义，总量变化和边际变化是任何一个模型分析中的关键切入点，所以，本书以“效益”为综合概念，特指以上三个方面。关于总体效益、经济收益、环境成本、环境经济效率的具体计算方式请见后文实证章节。

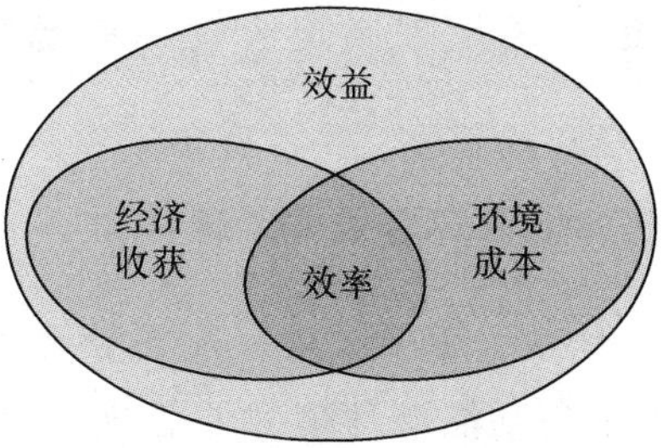

图 2－5　能源生态效益与效率的关系

当前研究对生态经济效益的理解出现“泛化”现象，各类可持续发展的指标，甚至各类能够体现社会进步的指标都被冠以生态经济效益指标之名加以分析。作者认为生态经济效益指标还是应当聚焦在那些能够反映生态环境与产业经济直接关联的指标，由于当前所采用的社会进步指标往往是经济进步指标的结果，所以在研究中尽量减少对社会进步等间接指标的使用，或是将此类指标按照具体问题归类于环境指标或经济指标中。

本书所考虑的生态经济效益指标均与能源系统相关，在考虑能源—环境效率时采用能值生态足迹方法作为环境指标，体现了环境问题的综合性；在分析能源—经济效率时采用了投入产出方法，主要利用固定资产投入反映能源消费的经济拉动性。

2.3.2　能源生态经济效益管理措施

能源生态经济效益的管理即从计划、组织、领导、控制、创新五个方面保障能源消费过程中的生态经济效益最大化。作者认为其框架构成包括：

1. 计划：制定能源生态经济效益最大化目标

能源生态经济效益最大化目标既不是能源的经济效益最大化，也不是能源的环境成本最小化，而是通过科学合理的指标体系实现对能源环境—经济效益的综合衡量，可以是单位能源生产和使用的环境代价，也可以是单位环境与资源消耗带来的能源经济产出。只有既立足于能源经济效益与环境效益的传统矛盾性，又同时认识到环境效益也有经济成本这一特征，才能将二者科学有效的统一在一起。在本研究中使用了能值生态足迹、基于类型划分的专家判定方法等来制定合理的能源生态经济效益最大化目标。

2. 组织：架构合理的能源环境效益管理结构

能源环境效益管理不同于能源管理，能源管理侧重于能源系统管理，在广义的能源管理框架下包括能源环境效益管理，但是呈现出重经济轻环境的特征。在深入分析现有能源管理结构的体制前提下，本书提倡的能源环境效益管理结构是应当是横向多部门负责、纵向全产业链实施的管理组织体系。这种组织结构包括目标制定组织、实施标准与技术推广组织、实施效果监管与奖惩组织，以及各级实施主体构成。

3. 领导：设计有效的能源环境效益激励机制

行之有效的能源环境效益激励机制是建立在清晰的效益目标，深刻的组织结构认识之上，同时又以严格的制度执行为保障的。因此，能源环境效益激励机制的制定包括：第一，基于目标实现驱动力分析和运行原理的系统动力学模型，即回答“能源生态经济效益管理的对象是什么”；第二，基于多个利益相关方效用函数的博弈分析，即回答“能源生态经济效益管理的过程为什么”；第三，奖励与惩罚参数的推导与实施细则制定，即回答“能源生态经济效益管理的实施怎样办”。

4. 控制：辨识能源环境效益的驱动力及风险

能源系统是个开放系统，不仅受能源供给与需求的影响，还受到能源环境（国内外经济形势变化、技术水平更新、公众生活水平改善等）的影响。因此，在领导能源经济环境系统相关组织实现环境经济效益目标时往往会遇到系统外的问题干扰，在这种情况下需要对风险进行辨识、预判和策略调整。具体包括：首先，深入辨识推动能源供需、能源消费环境等方面变化的驱动力；其次，对驱动力分析模拟，从而预判可能带来的风险；最后，对可能风险提出应对措施。

5. 创新：探索能源生态经济效益提升新路径

创新往往是在预防风险、解决问题的过程中产生的。在深刻认识能源生态经济效益改进的驱动因素后可以据此提出更有针对性的新提升路径。从管理的视角出发，可以推动三类创新产生：首先，分析能源环境与经济关系的视角与方法创新，寻求更客观、全面的评价能源消费的环境影响及经济效益的方法，并将二者统一起来；其次，能源环境效益的制度设计创新，探索科学的激励制度与合理的约束管理组织结构；最后，管理的创新还会间接地驱动能源利用技术的创新，通过能源生态经济效益要求的提升，反过来拉动低环境资源消耗的能源利用方式。

2.3.3　我国能源及其环境效益监管系统

2008 年，中国开始推进第六次政府机制改革，关于能源的改革内容是，实现能源管理机构的改革，成立专门的国家能源局，废除国家能源领导机构，废除环境保护部，成立国家环境保护总局，具体管理系统见图例，这一举措实现了各个监管部门的职能明确分工，主要包括：

1. 国家能源委员会

国家能源委员会是能源行业的核心首脑组织，主要负责这些事务，即制定国家能源发展计划、对能源发展中的重要政务进行审核、宏观调控国内与国际能源合作项目等。承担监管职责的机构是国家能源委员会，承担具体工作的机构是国家能源局。

2. 国家能源局

国家能源局是从事能源监管事务的组织，主要负责这些事务，即商议提出能源发展计划、制定能源发展计划与年度规划、制定能源发展措施、制定能源体系整改措施、制定推动能源持续性发展的政策、制定可再生能源管理措施和环保计划、对政府能源对外合作项目实施监管、牵头开展平衡能源重点项目并拟定项目规划，处理重大型生产项目矛盾，引导拟定地方级能源发展计划，调节地方能源进生产量和消耗量，开展国家石油资源的储备项目等。

3. 国土资源部等附属机构

这些部门所负责的事务包含多个方面，如能源安全生产监管、能源资源监管、能源企业国有资产监管、能源运输监管、能源科技监管、电力监管、能源企业生产运营中的环境与核安全监管、提供行业中介服务等，管理机构比较多，如国土资源部、国资委、国家发改委、科技部、国家电监会等。

4. 地方能源主管机构

该机构的主要职责是对能源的开发、能源的节约以及生产运营实施监管。

综上所述，现如今，国内尚未建立专门的能源生态经济效益管理机构，环保部负责能源生产过程中的污染排放监控，而能耗及能源经济效率则没有专门部门分管，仅由发改委提出能耗减排要求，地方能源部门落实。

这种上级管理机制的缺位使得能源生态经济效益既缺乏管理机构，又无管理渠道。渠道缺失还体现在管理部门级别不高，例如国内能源产业大多为国有企业，很多大型企业凭借着绝对的优势独占鳌头，形成产业垄断，部分国有能源企业的前身是政府能源管理机构，行政级别很高。在国内，不管是中国石油、中国石化，或是国家电网、南方电网，还是神华煤炭、中煤，中核、中广核，这些企业的级别均比较高，而能源监管机构最多与其平起平坐，使得在行政体制之间的矛盾日益凸显，严重削弱了能源管理机构的权限，也使得能源监管战略计划的推进遇到了阻碍，更不利于国家能源管理成效的充分彰显，我国能源管理体系如图 2－6 所示。

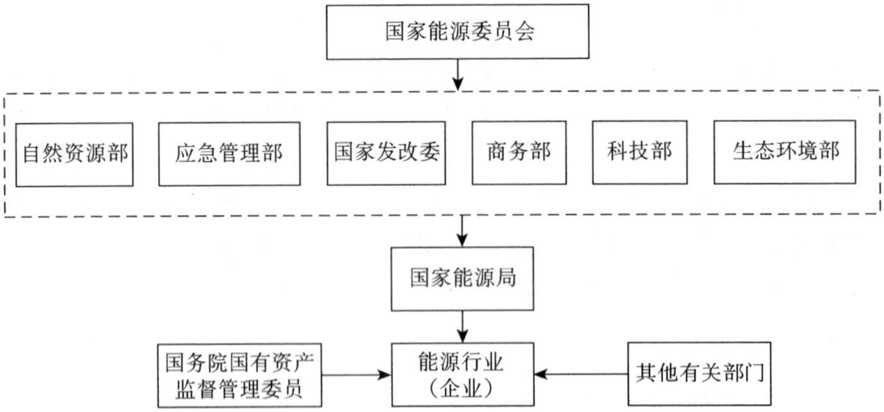

图 2－6　我国能源管理体系

第 3 章

基于生态足迹分析的我国能源—环境效率评价

生态足迹方法是在生态环境学科应用十分广泛的一类当量评价方法，它有助于为自然资源的再生能力研究提供可靠的参考依据，且该方法有助于立足于定量层面对可持续发展展开探究，具有较高的实践性和很强的可比性，能够对不同的国家、地区，乃至于全球的纵向数据进行比对。本章基于 2006 年、2009 年和 2012 年统计数据，本研究通过能值生态足迹的方法，对我国 30 个省份的能源消费进行可持续性评价，并对能源消费与经济发展的关系进行初步探讨。

3.1 生态足迹与能值分析

生态足迹法由于具有科学完善的理论基础、形象明了的概念框架、精简统一的指标体系以及方法本身的普适性在可持续发展评价中得到了广泛的应用。生态足迹模型首先由 Rees 于 1992 年提出，后来 Wkernagel (1998) 等对其进行了完善。生态足迹是指在一定的人口和经济条件下，维持一定人口（个人，城市或者国家）资源消费和吸收消纳产生的废弃物所需的生物生产性土地面积。其基本思想是将人类消费和各类废弃物降解需要的各类服务功能转化成具有世界平均生产能力无差别的生物生产性土地（生态足迹），并通过均衡因子将区域各土地（如林地，水体，矿石能源地）转化成无差别的生物生产性土地（生态承载力），通过两者的差值，反应区域对于自然资源的利用是否超出了其承载能力。生态足迹模型考虑了自然资源的再生与替代能力、生命支持系统的循环与净化能力以及生物多样性保护等方面，且计算结果直观明了，具有区域可比性，可以用于区域、国家甚至全球尺度，因此，很快成为环境可持续发展度量的一个重要方法，广泛地应用于能源，交通，国际贸易等领域。目前已经有20多个国家使用了生态足迹模型研究可持续发展的问题。但由于生态足迹法在理论和方法上存在某些缺陷，如忽视区域功能差异、账户覆盖不全面、未能考虑可再生能源和新能源如风能、潮汐能、核能等，对人类的作用考虑不充分，近几年很多学者对生态足迹的方法进行了改善，例如将生态足迹方法、投入产出分析和能值分析方法相结合。

20世纪80年代提出的能值理论为生态经济系统过程以及格局的定量研究提供了新的方法。H. T. Odum（1983）提出，产品或劳务形成过程中直接和间接投入应用的一种有效能量（Available energy），就是其所具有的能值，能值实质就是包含能量（Embodied energy）。任何形式的能量均源于太阳能，故常以太阳能为基准来衡量各种能量的能值，任何资源、产品或劳务形成所需直接和间接应用的太阳能之量，就是其所具有的太阳能值（Solar energy），单位为太阳能焦耳（Solar energy joules，即sej）。以能值为基准，可以衡量和比较生态系统中不同等级能量的真实价值与贡献。基于能值方法的优势，许多学者将能值方法与生态足迹模型相结合，提出了基于能值理论的生态足迹模型，并且应用于社会经济系统的可持续性评价当中。能值生态足迹模型的基本原理是将区域提供的各项资源与各项资源消费用能值当量衡量，利用区域能值密度或者全球平均能值密度，转化成土地的面积。通过能值作为统一的单位，可以解决传统生态足迹方法不能考虑风能、潮汐能等资源的不足。同生态足迹模型一样，首先建立起人均各类资源的消费账户，所有的消费项目都被折算成相应的能值，能值之和除以区域能值密度（或者全球平均能值密度）即为该地区居民的能值生态足迹。能值生态足迹对于承载力的计算主要考虑区域的可再生资源，将人均可再生资源的能值除以区域能值密度或者全球平均能值密度。张芳怡等（2006）和王建源等（2006）基于传统生态足迹方法和能值生态足迹方法对黑龙江省、江苏省和山东省的可持续发展状态进行了对比，研究表明，能值生态足迹高于传统生态足迹的结果。从研究尺度来看，能值改进的生态足迹方法已经用于县，市，和省尺度的可持续发展研究。前人的研究对于我们理解我国目前经济发展、能源、环境之间的关系有重要作用。然而，目前用能值生态足迹的方法进行可持续性评价的对象多为居民生活和生产的全部资源，如裴雪等（2013）对哈尔滨的农业生态系统进行了可持续发展评价，王栋（2009）对区域海洋经济系统做了可持续性评价，针对能源供给和消费的可持续性评价较少。本研究试图通过能值生态足迹的方法，对我国 30 个省份的能源消费进行可持续性评价，并对能源消费与经济发展的关系进行初步探讨，以期为区域经济发展与环境政策的制定提供一定的科学依据。

3.2　能值生态足迹模型

运用能值生态足迹模型进行能源—环境效率分析，分析思路如下：

首先对于各省的能源消费进行了分析。将能源消费分经济发展（第一产业，第二产业，第三产业）和居民生活为两部分。消费的能源类型包括煤炭，焦炭，原油，汽油、柴油、天然气和电力。本书的目的是对能源消费进行可持续性评价，某些区域有大量的煤炭、石油等资源，甚至是能源的输出省份，但是煤炭和石油等是不可再生资源，其形成的时间尺度远远大于人们的消费时间尺度。为了更好地理解生态承载力，需将自然资源分为可更新资源和不可更新资源。由于不可更新资源的消耗速度快于其再生速度，故随着人类的不断利用，不可更新资源将会日益枯竭，只有利用可更新资源，生态承载力才具有可持续性。因此，本书只核算了各省的可再生资源承载力。基于本书的研究，各个省的可再生能源种类有所差别，区域提供的可再生能源包括太阳能、风能、雨水化学能、雨水势能、河水势能、河水化学能、潮汐能和波浪能。运用能值分析的方法将消费的能源和区域提供的可再生能源转化为可以直接计算的太阳能能值。能值生态足迹的方法虽然得到了一定程度的应用，但是在具体的核算方法还未达成统一。主要是对于区域可再生资源、区域能值密度的含义和的计算方法不同。在承载力的核算中，一些研究用可再生资源密度除以区域能值密度核算承载力面积，另一些研究用全球平均能值密度来核算承载力面积。本书研究对象为30个省的能源消费，为了使不同省市之间有可比性，所以在承载力和足迹的计算中，用全球能值密度转化为土地面积。见公式（1）和公式（2）。另外，本书将能源消费分为经济生产和生活消费两部分，所以计算了表征能源使用效率的单位能值产出 *eeff*（*sej/Yuan*），见公式（3），以及居民生活的人均能源能值消耗 *eres*（*sej*/人），见公式（4）。计算公式如下：

$$eec = \frac{e}{p_1} \tag{1}$$

式（1）中，*eec* 为人均生态承载力；*e* 为可更新资源的人均太阳能值（*sej*），为了避免同源能量的重复计算，可再生能源取上面8种能源中的最大值；p_1 为全球平均能值密度，全球平均能值密度为全球总能值之和与全球面积之比，包括太阳能吸收能、地热能和潮汐能取值为 $3.104 \times 10^{14}\,\mathrm{sej \cdot ha^{-1}}$。

$$eef = \sum_{i=1}^{n} a_i = \sum_{i=1}^{n} \frac{c_i}{p_1} \tag{2}$$

式（2）中，*eef* 为人均生态足迹，*i* 为人均第 *i* 类能源，a_i 为生产第 *i* 类能源的面积，c_i 是第 *i* 类能源能值，p_1 是全球平均能值密度。

$$\text{可持续发展指数 } sei = \frac{eef}{eef + eec} \tag{3}$$

sei 的值在 0～1 之间，值越小，可持续性状况越好。当 *sei* 趋于 0 时，说明生态足迹与生态承载力相比可以忽略不计，区域发展有很大的生态空间；当 *sei* 等于 0.5 时，生态足迹与生态承载力相等，说明区域发展的可持续性处于边缘状态；当 *sei* 趋于 1 时，说明生态足迹远大于生态承载力，即区域发展给生态环境带来了巨大的压力，区域可持续性状况相当堪忧。根据 *sei* 远离 0.5 的程度，可以判断区域可持续或不可持续的程度。通常社会经济的发展会增加区域生态足迹，因此，在 0～0.5 之间划分可持续性指数的安全区间既能体现经济得以发展，又能反映区域经济活动是否处于生态承载力范围内。

$$eeff = \frac{\sum_{i=1}^{n} ecoc_i}{GDP} \tag{4}$$

式（4）中 *eeff* 为能源能值效率，$ecoc_i$ 为第一、二、三产业消耗的各项能源能值，GDP 为区域的国内生产总值。

$$eres = \frac{\sum_{i=1}^{n} resc_i}{PoP} \tag{5}$$

式（5）中 $eres$ 为居民生活人均能源能值消耗，$resc_i$ 为居民生活消费各项能源的能值，PoP 为当年人口。

3.3　我国能源消费的生态足迹分析

3.3.1　数据来源

本书的数据资料取自《中国统计年鉴》《中国环境统计年鉴》《中国能源统计年鉴》。能量折算系数则取自 GB 2589—2008《综合能耗计算通则》，能值转换率数值资料则取自《Handbook of Emergy Evaluation A Compendium of Data for Emergy Computation Issued in a Series of Folios》。因数据缺失，本书未开展西藏地区的研究。

3.3.2　实证结果

1. 2006—2012 年各省生态足迹以及可持续发展指数动态

见表 3－1，从可再生能源能值承载力来看，由于各个省的资源禀赋、面积、人口各异，30 个省份 2006—2012 年的平均承载力变化幅度较大，在 0.21～29.65 公顷/人之间，其中，上海、北京、天津、山东、江苏、河北等地的资源承载力小于 1 公顷/人，内蒙古、贵州、四川、新疆、云南等地的承载力 >10 公顷/人。由于可再生资源的承载力主要取决于当年的降雨势能及河水能值，在研究的时间尺度内，各省的可再生能源能值承载力没有明显变化。生态足迹主要取决于能源消费量和人口，江西、广西、安徽、海南、四川、云南、湖南、河南和重庆的生态足迹小于 10 公顷/人，北京、山西、辽宁、青海、天津、上海、内蒙古、宁夏的生态足迹较高，大于15公顷/人。在研究的时间范围内，平均能源生态足迹上升了59.36%，这与前人的研究结果一致。从生态足迹盈余（承载力—生态足迹）角度来看，云南、四川、新疆、贵州等西部欠发达地区生态盈余为正，说明其当地的可再生能源资源，在经济和技术条件达到的情况下，大于其发展的能源需求。这些地区通常具有丰富的水电，太阳能，风能等新能源，应该积极开发和利用。以往生态足迹的研究表明，能源消费生态赤字是构成区域生态赤字的主要原因，赵雪雁等（2011）研究表明，2000—2008年，甘肃省能源资源足迹以从60上升到170公顷/人，以10.6%的速度增加，与本书的研究中甘肃省能源足迹上升速度相当。而张芳怡（2006）指出1999—2005年江苏省能源消费账户的人均生态足迹为由0.6上升到1.5公顷/人。由此可以看出，由于评价的范围和方法不同，生态足迹的绝对值差距较大，但是不同评价方法之间反映出共同的趋势。

表3-1　2006—2012年各省平均能源消费能值承载力和可持续性评价

省份	平均承载力（公顷/人）	平均足迹（公顷/人）	生态足迹盈余（公顷/人，名）	平均可持续发展指数（排名）	足迹变化	承载力变化	生态盈余变化（公顷/人）	可持续发展指数变化
北京	0.34	16.32	-15.98（25）	0.98（25）	-3.89%	24.79%	0.68	-0.21%
天津	0.40	20.99	-20.59（28）	0.98（28）	32.26%	13.51%	-5.86	0.19%
河北	0.95	15.63	-14.68（24）	0.94（24）	43.61%	17.05%	-5.46	0.98%
山西	1.61	17.67	-16.06（26）	0.92（26）	41.59%	-3.39%	-6.09	3.14%
内蒙古	11.47	25.69	-14.21（22）	0.68（22）	90.71%	17.40%	-14.63	18.60%
辽宁	1.52	17.68	-16.16（27）	0.92（27）	77.39%	47.13%	-9.69	2.24%
吉林	2.87	12.75	-9.89（17）	0.82（17）	41.97%	23.66%	-4.05	3.06%
黑龙江	4.77	10.27	-5.5（10）	0.68（10）	46.70%	-1.66%	-3.49	8.71%
上海	0.21	23.27	-23.06（29）	0.99（29）	5.85%	-9.77%	-1.34	0.10%
江苏	0.80	14.25	-13.45（21）	0.95（21）	53.06%	-7.28%	-6.11	2.76%
浙江	1.91	14.74	-12.83（20）	0.88（20）	35.67%	22.84%	-4.10	1.25%
安徽	1.56	7.46	-5.9（11）	0.82（11）	61.17%	1.17%	-3.37	6.73%

续表

省份	平均承载力（公顷/人）	平均足迹（公顷/人）	生态足迹盈余（公顷/人，名）	平均可持续发展指数（排名）	足迹变化	承载力变化	生态盈余变化（公顷/人）	可持续发展指数变化
福建	3.52	12.38	-8.86（16）	0.77（16）	57.06%	34.54%	-5.82	13.86%
江西	3.69	6.13	-2.44（5）	0.62（5）	67.43%	45.94%	-2.43	13.57%
山东	0.70	15.15	-14.45（23）	0.95（23）	47.16%	-6.15%	-5.79	1.42%
河南	0.80	9.45	-8.65（15）	0.92（15）	44.43%	-14.29%	-3.53	3.85%
湖北	1.99	12.03	-10.03（18）	0.85（18）	77.61%	-2.41%	-6.68	7.25%
湖南	2.77	8.80	-6.03（12）	0.76（12）	42.69%	25.56%	-2.88	7.59%
广东	1.86	12.49	-10.62（19）	0.87（19）	29.20%	17.18%	-3.52	6.10%
广西	4.26	7.40	-3.14（7）	0.63（8）	76.59%	29.85%	-3.76	20.32%
海南	4.19	7.55	-3.36（8）	0.63（9）	106.4%	-15.39%	-4.86	20.89%
重庆	3.10	9.88	-6.77（14）	0.75（14）	82.76%	1.11%	-5.37	11.44%
四川	15.34	7.90	7.45（2）	0.34（2）	97.97%	24.68%	1.29	18.25%
贵州	11.61	10.56	1.05（4）	0.47（4）	54.83%	8.33%	-2.14	11.39%
云南	29.65	8.70	20.94（1）	0.23（1）	63.04%	4.92%	-5.78	52.25%
陕西	3.32	10.03	-6.71（13）	0.75（13）	89.99%	-6.14%	-5.55	8.21%
甘肃	7.22	10.23	-3.01（6）	0.58（6）	61.43%	19.32%	-3.01	9.13%
青海	15.59	20.97	-5.38（9）	0.58（6）	107.00%	-2.23%	-10.17	35.94%
宁夏	2.30	26.22	-23.93（30）	0.92（30）	63.09%	16.12%	-12.91	3.33%
新疆	20.00	14.94	5.06（3）	0.42（3）	86.07%	6.73%	-12.22	53.00%
平均	5.34	13.58	-8.24	0.75	59.36%	11.10%	-5.29	11.51%

从可持续发展指数来看，云南、四川、新疆、贵州等地的可持续发展指数小于0.5，说明这些地区处于可持续发展状态。其他省份能源消费的能值生态足迹大于区域可再生能源的能值承载力，出现生态赤字，处于不可持续发展的状态。以前的研究结果表明这些区域可持续指数也几乎达到了1，说明经济发展严重超过了自然系统的承载能力。从时间动态来看，北京能源消费能值生态足迹下降，承载力提高，可持续发展水平提高，其他省市能源消费的赤字不断增大。内蒙古、广西、海南、青海和新疆的可

持续发展能力下降幅度较大，可持续发展水平取决于区域的可再生能源量和能源消耗总量，以及人口的变化，可再生资源（太阳辐射，雨水，风能等）在一定的时间尺度相对较稳定，而这些省份的能源消费在近几年增长了近50%，另外区域人口不断增加，导致了能源赤字的扩大。内蒙古、新疆和青海的风能达到786.9亿瓦、437.3亿瓦、308.51亿瓦，广西和海南有丰富的太阳能和水资源，这些地区应大力发展可再生能源，扭转能源消费不可持续的局面。另一方面，这些省份经济相对落后，拥有丰富的生态资产，积极调整产业结构，转变发展方式，推进生态旅游等服务业发展，将生态资产转化为经济资产，使经济的增长和煤炭等化石能源的消耗解耦。总体上看，本研究表明各地能源消费的可持续性不断下降，这与其他的研究结果相反。如苗韧等（2013）研究表明2000—2010年中国能源的可持续性呈上升趋势，进一步分析发现，导致可持续性上升的原因主要是能源系统各个环节效率的提高和能源的清洁性提高，本书中的可持续性评价注重于能源供给与能源消费的平衡关系。在苗韧等（2013）的研究中，能源安全性指标层主要涉及能源供给与消费关系，其可持续性在2001—2010年呈现下降趋势，与本书的结果吻合。

2. 2006—2012年各省经济发展能源消耗能值效率和居民生活能源消费能值变化

从经济发展的能源能值效率来看，从2006—2012年，全国的能源能值效率都普遍提高，北京、广东、江苏、浙江、上海的平均能源效率较高，宁夏、青海、甘肃、山西、内蒙古等能源输出省份和经济发展滞后省份的能源能值效率较低。贵州、湖南、北京、吉林、宁夏的能源能值效率提高幅度较大，达到45.67%到50.96%之间，见表3－2。王强等（2011）研究表明，我国能源效率的高效区域主要集中在东部沿海城市，低效区域主要包括内蒙古，宁夏、甘肃、青海、新疆等地，与本书相符合。一般认为技术进步，产业结构调整是能源使用效率提高的原因，王强（2011）则认为规模效应的作用大于技术进步的作用。工业结构，产业内部结构，所有权结构等均可以影响能源使用效率，由于对能源效率的概念和内涵没有统一标准，加上各种投入产出数据的统计差异性，导致研究计算出来的能源效率结果以及对其主导因素的研究未能达成一致。

表 3 - 2　2006—2012 年各省平均经济发展能源消耗能值效率和居民生活能源消费能值变化

省份	平均能源能值效率 sej/Yuan（排名）	能值效率提高比率	居民生活人均能源能值消耗（sej/人）（排名）	居民生活人均能源能值消耗提高比率
北京	6.59E+10（1）	47.79%	9.16E+14（1）	18.80%
天津	9.95E+10（7）	42.12%	5.67E+14（4）	56.64%
河北	1.78E+11（23）	33.81%	4.66E+14（9）	51.42%
山西	2.31E+11（27）	41.59%	5.55E+14（5）	66.56%
内蒙古	1.95E+11（25）	41.91%	7.41E+14（2）	133.23%
辽宁	1.42E+11（20）	31.01%	4.25E+14（13）	47.75%
吉林	1.41E+11（19）	47.40%	3.51E+14（18）	11.70%
黑龙江	1.18E+11（10）	35.73%	4.34E+14（12）	81.39%
上海	9.55E+10（5）	35.76%	7.03E+14（3）	33.95%
江苏	9.30E+10（3）	37.94%	3.55E+14（17）	95.80%
浙江	9.35E+10（4）	35.13%	4.90E+14（6）	68.26%
安徽	1.24E+11（16）	43.17%	2.46E+14（27）	52.04%
福建	1.01E+11（8）	36.86%	4.59E+14（11）	63.27%
江西	9.90E+10（6）	36.20%	2.31E+14（29）	47.51%
山东	1.23E+11（14）	33.44%	3.79E+14（14）	74.67%
河南	1.29E+11（18）	40.66%	3.28E+14（22）	79.12%
湖北	1.47E+11（21）	38.17%	3.71E+14（15）	67.28%
湖南	1.24E+11（17）	50.19%	3.09E+14（23）	72.45%
广东	8.87E+10（2）	35.29%	4.76E+14（7）	58.15%
广西	1.23E+11（13）	36.26%	2.45E+14（28）	105.88%
海南	1.04E+11（9）	20.77%	2.12E+14（30）	151.94%
重庆	1.21E+11（12）	40.91%	3.44E+14（19）	52.92%
四川	1.19E+11（11）	29.17%	3.03E+14（25）	57.73%
贵州	2.62E+11（28）	50.96%	4.61E+14（10）	48.49%
云南	1.73E+11（22）	34.20%	2.82E+14（26）	64.18%
陕西	1.24E+11（15）	37.73%	3.68E+14（16）	53.25%
甘肃	2.06E+11（26）	33.64%	3.29E+14（21）	50.65%
青海	2.94E+11（29）	22.54%	4.70E+14（8）	10.99%
宁夏	3.77E+11（30）	45.67%	3.31E+14（20）	5.01%
新疆	1.94E+11（24）	16.07%	3.06E+14（24）	38.57%

北京、内蒙古、上海、天津、山西的人均居民生活能源能值消耗居于前五位，海南、江西、广西、安徽、云南居民生活人均能源能值消耗最低。我国的居民生活能源消费呈现出自东向西递减的趋势，反映出自然因素和社会经济发展因素的双导向作用。自然因素对我国居民生活能源消费的影响主要表现在空间差异上，包括能源资源禀赋和温度条件两个方面。能源资源禀赋条件决定了居民利用能源结构的类型，温度条件则决定了居民使用能源数量的大小。社会经济整体发展水平、居民生活习惯、消费行为的改变、收入水平、购买能力、新型节能技术在生活用能设备中的推广应用也会影响到居民的能源消费。

3. 2006—2012 年各省能源消费能值与经济发展关系

如图 3－1 至图 3－4 所示，2006 年、2009 年和 2012 年 30 个省份能源消费总能值和 GDP 总量有较好的线性关系，$R^2=0.72$。说明了各省经济发展与能源消费紧密相关，随着经济规模的扩大，能源消费不断增加。能源消费总能值与人均 GDP 的关系呈现先上升后下降的趋势，但 R^2 仅有 0.24。随着人均 GDP 的增加，单位 GDP 能耗能值呈现指数下降，当人均 GDP 超过 40000 元后，单位 GDP 能耗能值下降趋于平稳。随着经济发展水平的提高，产业结构调整，发展模式转变，以及科技管理进步带来了生产效率的提高，导致能源使用效率的提高。本书从能值分析的角度验证了环境经济学中著名的库兹涅兹曲线。随着人均 GDP 的增加，居民生活消费能源能值线性增长，说明经济发展带来了生活质量的提高和能源消费的增加。

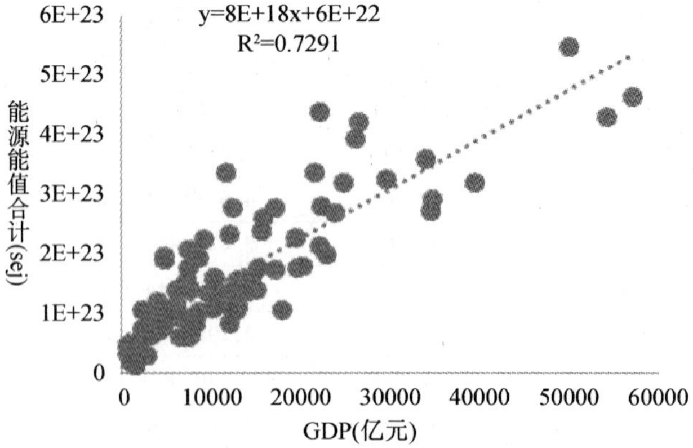

图 3－1　GDP 与总能源消耗能值关系

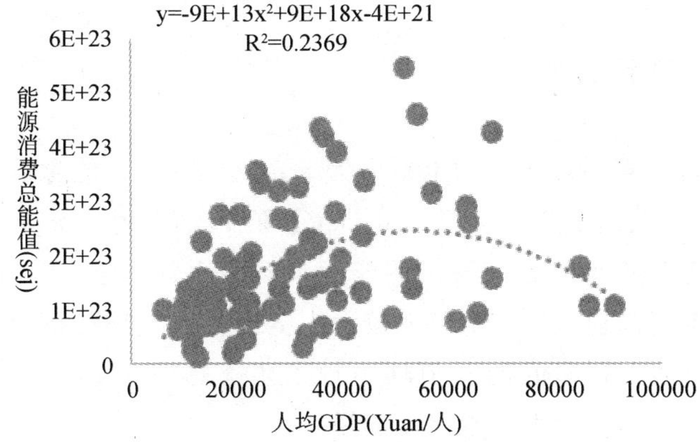

图 3－2　人均 GDP 与总能源消耗能值关系

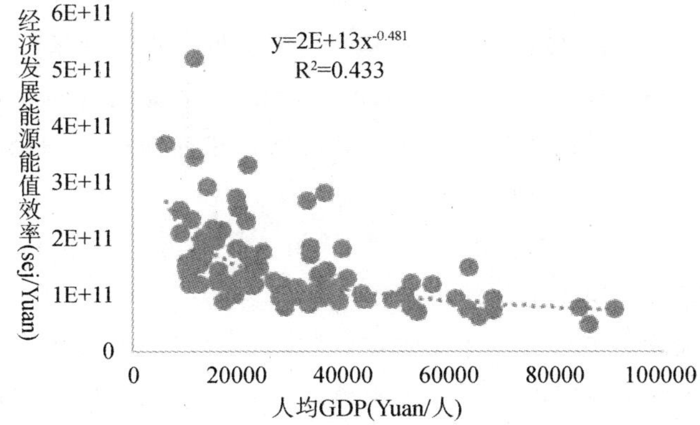

图 3－3　人均 GDP 与经济发展能源消耗能值效率关系

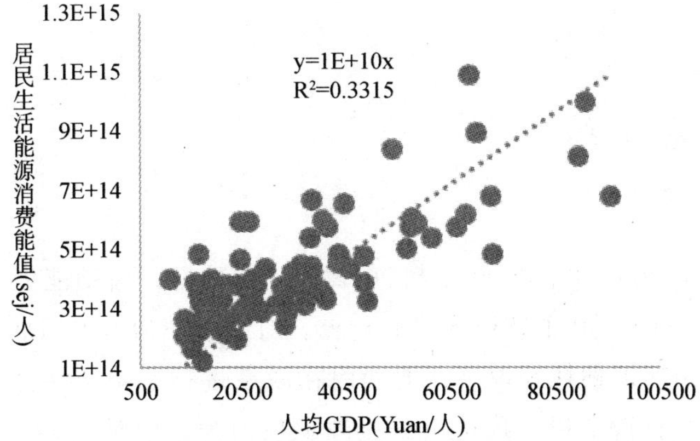

图 3－4　人均 GDP 与居民生活能源消费能值关系

3.3.3 结论分析

（1）我国可再生能源平均承载力为5.34公顷/人，能源消费生态足迹为13.58公顷/人，生态盈余为-8.24公顷/人，上海、北京、天津、山东、江苏、河北等东部沿海城市的能源承载力小，内蒙古、贵州、四川、新疆、云南等西部地区生态承载力较大。全国各省平均可持续发展指数为0.75，表明总体上我国的能源消耗出现了生态赤字，处于不可持续的状态，东部较发达地区的生态赤字高于西部地区。

（2）从2006—2012年，可再生能源平均承载力的变化不大，而能源消耗的生态足迹上升了59.36%，能源消费生态赤字不断扩大。到2012年，10个省的可持续发展指数达到0.9以上，处于严重赤字状态。

（3）从2006—2012年，全国的能源能值效率普遍提高，东部沿海省份能源效率较高。居民生活能源消费呈现出自东向西递减的趋势，反映出自然因素和社会经济发展因素的双导向作用。

（4）能源消费的总量和GDP呈正相关，而随着经济的发展，单位GDP能耗下降，居民生活能源消费不断上升。

（5）我国能源消费处于生态赤字的状态，并且不可持续状态越来越严重。随着经济发展程度提高，虽然能源效率不断提高，但是居民生活消费用能比例上升。积极调整产业结构，转变发展方式，改变能源结构，大力发展新能源可再生能源刻不容缓。

3.4 本章小结

本章基于2006年、2009年和2012年统计数据，借助能值生态足迹的研究方法，以国内30个省份为研究对象，对其能源消费实情展开了动态性探究，对能源能值消耗和经济发展的内在联系进行了系统性分析。结果表明，全国各个省份平均人均可再生能源承载力为数值是5.34公顷/人，人均能源消费生态足迹数值是13.58公顷/人，生态盈余数值是-8.24公顷/人，全国各省平均可持续发展指数为 0.75。从 2006—2012 年，能源生态赤字呈不断扩大趋势。从 2006—2012 年，国家能源效率显著提升，东部区域尤为明显，居民生活能源消费的发展规律是从东部到西部逐渐减少，自然环境与经济发展所产生的影响是不可忽视的。GDP 总量和能源消耗能值线性相关。随着人均 GDP 增加，能源消耗总能值呈现倒“U”形，单位 GDP 消耗能源能值下降，居民生活能源能值消耗上升。总体上看我国经济发展依赖能源消耗，但随着经济发展，能源消费效率逐步提高，居民生活能源消费所占的比例逐步增大。

第 4 章

基于 MRIO 分析的我国能源—经济效率评价

本章采用中国多区域投入产出（MRIO）模型，定量核算了 2007 年中国八大经济区域投资活动所诱发的经济增长拉动和能源消耗双重效应。结果表明：各区域投资活动的拉动经济增长效应外溢现象明显，能源消耗强度指标也呈现明显区域化差异，如京津、东部沿海、南部沿海承接的经济拉动效应的能耗强度最低，经济增长的能源效率较高。区域投资政策的制定需充分考虑经济增长拉动的外溢性和资源环境的硬约束。

4.1 多区域投入产出分析（MRIO）概述

消费、投资及出口被认为是拉动中国快速经济发展的三驾马车。近几年伴随着消费不振和出口萎缩新形势，投资的经济拉动作用越显重要，对保证我国经济持续平稳发展有着重要的战略意义。对于地方管理者而言，在本区域内保证合理的投资力度已经成为施政的主要经济措施之一。因此，科学评估区域投资活动诱发的经济拉动及其副作用将对政策制定有重要参考意义。具体来说，经济拉动的空间外溢性和资源环境副作用是区域投资活动两类不确定性因素。空间外溢性是指投资活动所产生的生产刺激作用将不仅仅局限于本区域，还将通过区域间的供应链等贸易活动传导到其他区域，而同时其他区域的投资活动也将会外溢到本区域内。每项具体投资活动外溢性的强弱都将影响着其实际效果。资源环境副作用是指经济生产过程中不可避免的资源消耗和环境排放，这部分环境代价累积到一定程度将会反过来制约区域经济的可持续发展。可以说，系统评估经济拉动作用的空间外溢性和资源环境副作用是科学制定区域投资政策的必要条件，本书尝试构建出一套可行的定量评估方法。

多区域投入产出（multi - regional input - output，MRIO）研究模型是用来刻画区域间及区域内经济部门间投入与产出关系的成熟模型。MRIO 的核心思想是通过线性假设将区域间复杂的供应链关系进行归类并简化，最终按照年际划分编制成矩阵式的投入产出表。该表就刻画了研究区域产业部门间的价值流动关系。由于其在描述区域间经济关系的先天性优势，MRIO 已经被广泛应用在区域间贸易和区域资源环境保护研究中。比如研究居民消费、固定资本、出口等最终需求对区域经济发展的拉动作用；MRIO 在资源环境领域的应用更为广泛，尤其是对碳排放、水资源、能源消费等世界性环境问题的研究上。可以说，MRIO 已经成为研究区域间、国家间及全球范围经济体间的贸易联系、资源环境保护、全球变化责任界定与分配等跨区域问题的通用方法。而本书关注的空间外溢性和资源环境负效应正是 MRIO 的主要应用领域，因此本书将采用 MRIO 模型来核算中国区域投资活动的经济—资源环境效应。

目前国内最新的 MRIO 数据是国家信息中心编制的 2007 年中国八大区域间投入产出表。另外投入产出表中的投资活动是用固定资本形成向量来进行表征的。另一方面，资源环境效应的种类繁多，本书选取能源消耗指标作为代表。因此，本书将具体核算 2007 年中国八大区域的固定资本形成的经济拉动和能源消耗效应，并挖掘两种效应之间的相互关系。

4.2　能源经济效率的 MRIO 评价模型

4.2.1　经济拉动效应核算

MRIO 是用来刻画多区域间及各区域内产业间经济联系的常用模型。

在 MRIO 模型中，一般用 m 代表研究区域的数量，以商品属性为依据，将每个区域中的经济系统分割成 n 个产业部门，根据总产出的组成内容，得到其基本平衡关系如下：

$$\begin{pmatrix} X^1 \\ \vdots \\ X^m \end{pmatrix} = \begin{pmatrix} A^{11} & \cdots & A^{1m} \\ \vdots & \ddots & \vdots \\ A^{m1} & \cdots & A^{mm} \end{pmatrix} \begin{pmatrix} X^1 \\ \vdots \\ X^m \end{pmatrix} + \begin{pmatrix} \sum_s Y^{1s} + E^1 - I^1 \\ \vdots \\ \sum_s Y^{ms} + E^m - I^m \end{pmatrix} \tag{1}$$

如果只考虑国内产品生产，即将各区域各部门中的进口商品剔除掉，可得到不包含商品进口的平衡关系式：

$$\begin{pmatrix} X^1 \\ \vdots \\ X^m \end{pmatrix} = \begin{pmatrix} A^{*11} & \cdots & A^{1m} \\ \vdots & \ddots & \vdots \\ A^{m1} & \cdots & A^{*mm} \end{pmatrix} \begin{pmatrix} X^1 \\ \vdots \\ X^m \end{pmatrix} + \begin{pmatrix} E^1 + Y^{*11} + \sum_{s \neq 1} Y^{1s} \\ \vdots \\ E^m + Y^{*mm} + \sum_{s \neq m} Y^{ms} \end{pmatrix} \tag{2}$$

式（1）中，X^s、E^s和 I^s表示的是地区 $s(s=1, 2, \cdots, m)$ 的这三项指标即总产出向量、出口向量以及进口向量；直接消耗系数矩阵 A^{rs}揭示出从地区 r 到地区 s 的中间产品的部门间流通关系；最终需求向量 Y^{rs}表示地区 s 最终需求来源于地区 r 的调入量。式（2）中符号含义基本类似，剔除进口商品后的变量用上标 * 区别开；这里假设进口商品均为本地区直接从外部进口，因此只有 A^{rr}、Y^{*rr} 中才包含进口商品，去除进口商品后得到 A^{*rr}、Y^{*rr}。

为便于推导，将这些区域视为一个大经济体，这里用 X 表示由 X^s（$s=1, 2, \cdots, m$）组成的总产出向量；类似地，Y、Y^* 依次代表的是含有以及不含进口的最终需求向量，A 表示的是含进口的中间消耗系数矩阵，A^* 表示的是不含进口的中间消耗系数矩阵，I 是用来推导列昂惕夫逆矩阵的单位矩阵，则平衡关系式（1）、式（2）经过简单移项合并推倒后得到：

$$X = (I - A)^{-1} Y \tag{3}$$

$$X = (I - A^*)^{-1} Y^* \tag{4}$$

聚焦到现实中具体最终需求向量 y（如本研究中的固定资本形成），代入式（3）和式（4）后就得到由该最终需求诱发的经济产出向量 x，本研究称经济产出 x 为最终需求向量 y 的经济拉动效应：

$$x = (I - A)^{-1} y \tag{5}$$

$$x^* = (I - A^*)^{-1}y \quad (6)$$

式（5）和式（6）分别是包含和不包含进口商品情况下的经济拉动效用计算。具体来说，按照式（5）进行计算，所计算出的结果是 y 产生的经济产出总量 x，即不仅包含有表内区域的生产活动，还包括通过进口引起的在表外区域（rest of world，ROW）带来的经济产出。而在式（6）中并不包含进口因素，该式得到的是不同区域的经济产出 x^*。那么二者相减就是分布在 ROW 的经济拉动量，如式（7）所示：

$$x_{ROW} = \sum x - \sum x^* \quad (7)$$

至此，x^*（$m \times 1$ 向量）和 x_{ROW} 组成的（$m+1$）$\times 1$ 向量就是最终需求 y 诱发的经济拉动效应在表内 m 个区域和表外区域 ROW 的分布向量。

4.2.2　对应的能源消耗负荷核算

这里的能源消耗是指为了实现经济拉动效应，现实生产中需要消耗特定数量的能源来满足其生产需求，因此能源消耗是依附在经济拉动效应中的，需要在经济拉动效应核算的基础上进行计算。计算能源消耗时需要引入产业部门的能源消耗数据来扩展单纯价值型 MRIO 研究模型。本书引入两项研究指标，即能源消耗强度向量 B 和矩阵 $\hat{B}$，其内在结构如式（8）所示：

$$B = \begin{pmatrix} B^1 \\ \vdots \\ B^m \end{pmatrix}, \hat{B} = \begin{pmatrix} B^1 & \cdots & 0 \\ \vdots & \ddots & \vdots \\ 0 & \cdots & B^m \end{pmatrix} \quad (8)$$

式（8）中 B^r表示区域 r 各部门的直接能源消耗强度列向量。依据 IO 模型的线性化假设，最终需求 y 诱发的能源消耗（即经济拉动效应对应的能源消耗负荷）等于直接消耗强度与对应经济产出的乘积，具体如式（9）和式（10）所示：

$$Q_{total} = B^T x = B^T (I - A)^{-1} y \quad (9)$$

$$Q^* = \hat{B}^T x^* = \hat{B}^T (I - A^*)^{-1} y \quad (10)$$

上式中 B^T、$\hat{B}^T$ 分别表示 B 和 $\hat{B}$ 的转置；Q_{total}表示最终需求 y（固定资本形成向量）引起的能源消耗总量；Q^* 是一个 $m \times 1$ 向量，其第 r 个元素

代表着 y 在区域 r 内诱发的能源消耗量 Q^r。和经济拉动效应核算类似，y 在表外区域 ROW 诱发的能源消耗量等于总量 Q_{total} 扣除掉分布在表内区域的能源消耗 $Q^r(r=1, 2, \cdots, m)$，具体计算如式（11）所示：

$$Q_{ROW} = Q_{total} - \sum_r Q^r \tag{11}$$

至此，Q^*（$m\times1$ 向量）和 Q_{ROW} 组成的（$m+1$）$\times1$ 向量就是最终需求 y 诱发的能源消耗效应在表内 m 个区域和表外区域 ROW 的分布向量，也就是与经济拉动效应对应的能源消耗负荷向量。在本书具体计算中，最终需求向量 y 特指 MRIO 表中各区域的固定资本形成向量。

4.2.3 能源负荷强度测度

最终需求（固定资本形成）诱发的经济拉动和能源消耗效应是一一对应的。从资源节约和环境保护角度来考虑，若经济拉动效用越大，而与其对应的能源消耗越低，则意味着该经济拉动效应具有明显的资源节约优势；反之若能源消耗量很高，而对应的经济拉动却不明显，那么这类经济拉动从环保角度是不值得鼓励的。为了综合测度这两种效应之间的定量关系，本书采用能源消耗与除以经济拉动得到的值作为测度指标，也就是能源负荷强度向量（或矩阵）。能源复合强度值越小，表示经济拉动作用的能源利用效率越高，说明固定资本形成诱发的经济拉动作用是资源节约型的。

4.3 中国区域投资的能源经济效率分析

4.3.1 数据来源

本书采用的数据大部分来自多区域投入产出表和区域能源消耗数据资料。具体地说，投入产出表数据来源于国家信息中心 MRIO 表（2007 年）。

该机构以产业结构、经济发展水平、地域关系为依据，将大陆地区分成 8 大经济区域，即东北（黑、吉、辽）、京津（京、津）、北部沿海（冀、鲁）、东部沿海（苏、沪、浙）、南部沿海（闽、粤、琼）、中部（晋、豫、皖、鄂、湘、赣）、西北（蒙、陕、宁、甘、青、新）和西南区域[川、渝、桂、云、贵、藏（数据缺失）]。另外，在该表中国民经济系统被划分为 29 个产业部门。

区域能源消耗数据方面，八大区域能源消耗数据是根据分省数据合并而来，其中各省 2007 年分行业能源利用数据来自《中国能源统计年鉴 2008》，主要采用工业分行业终端能源消费和各省能源平衡表得到。在计算中，采用的是国内通用的吨标准煤作为能源计量单位，具体能源种类的标准煤折算系数同样来自《中国能源统计年鉴 2008》。

4.3.2　实证结果

1. 经济拉动和能源消耗总量

图 4－1 和图 4－2 分别展示了 2007 年中国八大区域投资（固定资本形成）诱发的经济增长拉动和能源消耗量的总量。从图 4－1 中可以看出东部沿海、中部和北部沿海这三个区域依次位列前三名，且明显高于其他区域。毫无疑问，这得益于这三个区域的经济体量也较大。最大的东部沿海区域经济拉动作用达到 8.28 万亿元，是最小经济体京津区域投资拉动作用的 4.82 倍。除京津外，东北和西北区域的经济拉动作用也较小。从图 4－2 可以看出，各区域能源消耗效应的总量排序和经济增长拉动效应是基本保持一致的，但也呈现出一些明显差异化特征。比如，东部沿海和中部区域间的总能耗量非常接近（仅相差 2.36%），但其实东部沿海的经济增长拉动效应比中部区域高出 26.80%，这说明中部区域投资活动比东部沿海的综合能耗强度更大。京津和西北区域之间也呈现出类似差异特征。

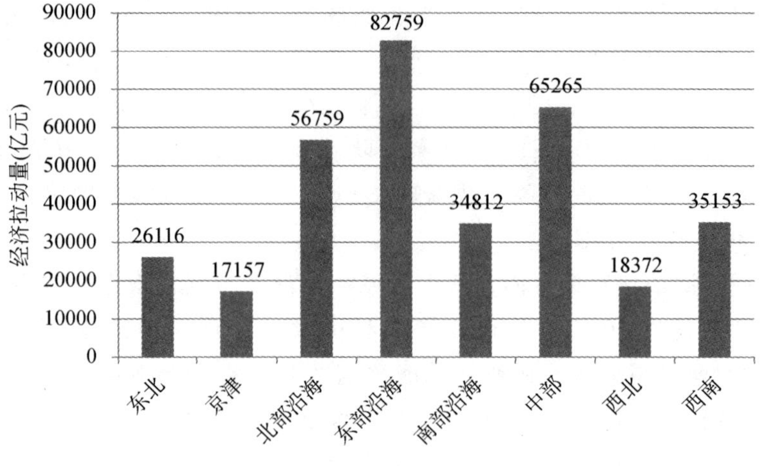

图 4-1　2007 年中国八大区域投资活动的经济拉动效应（亿元）

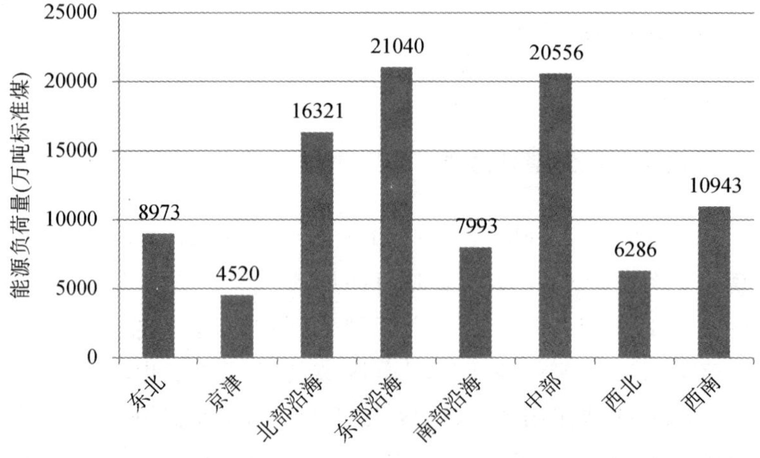

图 4-2　2007 年中国八大区域投资活动的能源消耗效应（万吨标准煤）

2. 经济拉动和能源消耗的空间分布

本书采用 MRIO 模型核算了经济增长拉动效应的空间分布情况，即空间外溢性。表 4-1 列出了八大区域投资诱发的经济增长拉动效应的具体空间分布值。该列项表示某一区域投资活动诱发的经济拉动效应在国内八大区域（包括自身和其他七大区域）及国外的分配。最后一行即是八大区域的经济增长拉动效应诱发总量。以第一列为例，东北区域的投资活动（固定资本形成）总共诱发了 2.61 万亿元的经济增长拉动效应，其中 1.33 万亿元由东北区域自身承接，其余则外溢到其他七大区域及国外；而外溢的经济增长拉动效应中最大的是对国外区域的拉动，达到 0.60 万亿元，远远高于对国内其他七大区域的拉动作用。通过对比分析其他区域情况发现，中国各区域经济体的投资活动均对国外区域存在很强的外溢性。比如南部沿海、东北、东部沿海三大区域的国外外溢比例依次分别达到 23.51%、23.00%、22.63%，最小的北部沿海区域也达到 16.76%。从表 4－1 的行方向看，其表示每一区域所承接的来自国内八大区域的经济拉动效应量。表 4－1 最后一列代表着该区域承接的经济拉动效应的总量。不难发现，对任何区域而言，其所承接的其他区域拉动效应量均是可观的。西北区域甚至达到了 57.63%，意味着西北区域自身的拉动效应只占到 42.37%；东部沿海最小，为 22.88%，说明其区域内部经济体的产业结构完整，对外部依赖较小。

表 4－1　　中国八大区域的经济带动空间分布情况

（年份：2007 年，单位：亿元）

区域	东北	京津	北部沿海	东部沿海	南部沿海	中部	西北	西南	合计
东北	13331	1246	1930	1316	629	1984	856	951	22243
京津	640	6773	2325	734	283	980	382	422	12539
北部沿海	1325	2435	32869	2751	923	4349	1252	1250	47153
东部沿海	885	541	1891	48502	2271	6288	972	1541	62891
南部沿海	1589	583	1898	2433	19367	4396	1591	4549	36406
中部	885	782	3604	5433	1558	30168	1218	1552	45201
西北	683	659	1802	1611	631	2524	6732	1246	15889
西南	770	368	927	1249	967	2290	1613	16667	24851
国外	6008	3770	9513	18730	8183	12287	3755	6974	69220
合计	26116	17157	56759	82759	34812	65265	18372	35153	336394

表 4－2 描述了八大区域投资活动诱发的总能源消耗量的空间分布情况。该表结构及含义与表 4－1 类似。表中列示各区域诱发的能源消耗总量在其他区域中的分配。以第二列京津区域为例，该区域投资活动在 2007 年总共诱发了 4520 万吨标准煤的能源消耗，其中区域内部承担了 17.67% 的

份额，其余82.33%依附于经济增长拉动效应外溢到其他区域。东北区域的能耗外溢量最小，但也达到49.24%。表4－2中每行代表每个区域从其他区域承接的能源消耗数量，可以理解为承接经济增长拉动效应所付出的资源环境代价。在这八个区域中，西北区域从国内其他七大区域承接的比例最大，达到其承接总量的65.67%；京津区域次之，达到57.57%；东部沿海区域承接的外来能源消耗数量比例最小，为24.17%；剩余的五大区域的承接其他区域能源消耗的比例均分布在40%～50%。承接能源消耗量和承接经济拉动正效应相反，承接能源消耗将会对区域产生一定的环境压力，为负效应。因此，制定区域投资政策和承接产业转移时需要综合考虑到其资源环境代价，而不能仅追求正向经济拉动作用的最大化。

表4－2　中国八大区域的能源消耗空间分布实情
（年份：2007年，单位：万吨标准煤）

区域	东北	京津	北部沿海	东部沿海	南部沿海	中部	西北	西南	合计
东北	4555	520	844	713	276	793	358	405	8463
京津	122	799	420	191	49	172	64	66	1882
北部沿海	527	976	8250	1250	360	1588	480	447	13878
东部沿海	135	91	335	7414	349	1046	159	248	9777
南部沿海	219	92	326	627	3025	739	260	702	5990
中部	399	353	1656	3041	675	9827	563	643	17158
西北	354	311	847	1056	353	1141	2425	578	7065
西南	336	153	407	774	489	956	622	5411	9147
国外	2326	1225	3236	5974	2417	4296	1354	2442	23270
合计	8973	4520	16321	21040	7993	20556	6286	10943	96632

3. 投资诱发效应的综合能耗强度分析

表4－3展示了八大区域投资诱发的经济增长—能源消耗双重效应的对比分析结果，即综合能源消耗强度指标值。表4－3是由表4－2和表4－1对应位置相除得到，因此行列含义类似。从诱发角度看，东北、西北、西南和中部4区域的综合能耗强度均高于0.30吨标准煤/万元，说明这些区域的投资活动所诱发的资源环境副作用强度较大。而南部沿海最小，为0.23吨标准煤/万元。从承接角度看，各区域间差异较大，最大的西北区

域综合能耗强度达到 0.44 吨标准煤/万元，表明其承接着其他区域能耗较大的产业转移，处于产业链的弱势方；最小的京津区域其综合能耗强度仅为 0.15 吨标准煤/万元，说明其承接的经济增长拉动效应是资源友好型的，处于区域产业链的优势地位；在其他六大区域中，东部沿海和南部沿海也表现较好，强度值为 0.16 左右。

总而言之，表 4－3 中的综合能耗强度矩阵详细展示了我国八大区域投资活动诱发的经济增长—能源消耗双重效应的耦合分析结果，可供区域管理者对投资活动的双重效应进行权衡分析。从表 4－3 可见，东北和西北两区域的综合能耗强度最高，代表其现有的投资活动主要集中在能耗较大的工业部门中，那么下一步的区域投资政策应从两方面着手，一方面是提高原有投资项目密集行业的审批门槛，另一方面则扶持具有环保优势的新型产业的投资活动，并在审批程序、贷款融资等环节给予适当扶持。

表 4－3　　中国八大区域的能源负荷强度矩阵

（2007 年，吨标准煤/万元）

区域	东北	京津	北部沿海	东部沿海	南部沿海	中部	西北	西南	小计
东北	0.34	0.42	0.44	0.54	0.44	0.40	0.42	0.43	0.38
京津	0.19	0.12	0.18	0.26	0.17	0.18	0.17	0.16	0.15
北部沿海	0.40	0.40	0.25	0.45	0.39	0.37	0.38	0.36	0.29
东部沿海	0.15	0.17	0.18	0.15	0.15	0.17	0.16	0.16	0.16
南部沿海	0.14	0.16	0.17	0.26	0.16	0.17	0.16	0.15	0.16
中部	0.45	0.45	0.46	0.56	0.43	0.33	0.46	0.41	0.38
西北	0.52	0.47	0.47	0.66	0.56	0.45	0.36	0.46	0.44
西南	0.44	0.42	0.44	0.62	0.51	0.42	0.39	0.32	0.37
国外	0.39	0.32	0.34	0.32	0.30	0.35	0.36	0.35	0.34
小计	0.34	0.26	0.29	0.25	0.23	0.31	0.34	0.31	0.29

4.3.3　结论讨论

本书通过采用 MRIO 模型来核算了 2007 年中国八大区域投资活动（固定资本形成）所诱发的经济—能源双重效应，得到以下结论：

（1）多区域投入产出模型是核算区域间经济拉动和能源消耗相互关系

的合适方法，该方法不仅能用来计算区域投资活动诱发效应的总量，还能给出其详细的空间分布信息；

（2）效应总量方面，各区域的经济—能源效应总量的排序与区域经济体量的大小是一致的，但经济拉动效应和能源消耗效应的相对比值存在明显差异，体现了各区域诱发效应的相对质量不同；

（3）空间分布方面，各区域所诱发的效应总量相当一部分外溢到其他区域，其中外溢到表外区域（ROW）的比例较大；

（4）能源效率方面，京津、东部沿海、南部沿海承接的经济拉动效应的能耗强度最低，而西北区域承接的经济拉动效应的能耗强度最大，即质量最低；

（5）研究结果可以为区域投资政策的制定提供数据参考。

需要指出的是，本书还存在一些不足：首先，受限于投资数据的可获得性和时滞性，在研究中直接采用固定资本形成向量来表征年际投资活动，这会带来一定的概念混淆。在下一步研究中需要将一手的区域投资数据进行汇总并与 MRIO 表进行对接，才能保证投资数据的准确性。其次，由于目前中国区域间投入产出表的最新年份为 2007 年，因此数据的时效性并不理想，研究结果对现今区域政策的参考价值尚需进一步论证。另外，由于 MRIO 数据质量、线性化假设和行业划分过粗等因素，研究结果将不可避免的存在不确定性，需要进一步评估和改进。

4.4 本章小结

投资被认为是维持中国经济高速增长的高效手段，而区域投资已经成为区域管理者施政的主要经济措施之一。定量评估区域投资活动的后续效应对区域政策的科学制定有很强参考意义。本书采用中国多区域投入产出（MRIO）模型，将中国大陆划分为八大经济区域，采用固定资本形成向量衡量区域投资规模及结构，定量核算了 2007 年中国八大区域投资活动所诱发的经济拉动和能源消耗双重效应。研究表明：各区域的经济—能源效应总量的排序与区域经济体量的大小是一致的；各区域所诱发的效应总量相当一部分外溢到其他区域，其中外溢到表外区域的比例较大；能源效率方面，京津、东部沿海、南部沿海承接的经济拉动效应的能耗强度最低，而西北区域承接的经济拉动效应的能耗强度最大，即质量最低。这些研究结果表明，区域投资政策的制定要充分考虑经济拉动作用的外溢性和资源环境负效应。

第 5 章

全国城市能源生态经济效益综合评价及时空特征

在前两章节中分别对能源的能值生态足迹及能源的经济拉动效益进行了研究，研究方向特色鲜明，研究结论各有侧重，但都不能综合全面地反映能源生态经济效益水平。因此，有必要通过开展能源生态经济效益的综合评价来与前述章节相互补充与呼应。本章在基础指标的基础上，利用两次主成分分析方法，分别构建了能源经济影响指标及其构成指标（经济结构与规模），能源环境影响指标及其构成指标（大气影响、植被影响、其他环境影响），并进一步计算出能源生态经济效率，最终利用基于聚类分析的专家判定对能源经济影响、能源环境影响、能源生态经济效率进行分析，得出能源生态经济效益得分，并对该指标在时间序列和空间分布上进行深入分析。

5.1 主要评价指标

5.1.1 能源使用的环境成本综合评价

能源使用的环境成本是指由于社会经济发展过程中的能源消耗所带来的环境消耗，包括：

（1）由于生产和使用能源造成的直接环境成本，如温室气体排放等。

本书拟采用火力发电的碳足迹（FESC）与水力发电碳足迹（WESC）表示；

（2）由于使用能源造成的二次间接环境成本，如工业二氧化硫排放（ISO_2），工业废水排放（IWW）和工业烟尘排放（IWD）；

（3）同时，由于电力是能源消费的主要形式，水资源一般是能源消耗的互补品，同时植被是能源的原始来源，所以在该项指标中增加电力供给（ES），水资源供给（WS）和植被覆盖度减少量（VNDVIC）为补偿指标。在主成分分析中，能源综合环境成本（ENCOST）的主成分构成将来源于上述指标，如图 5 – 1 所示。

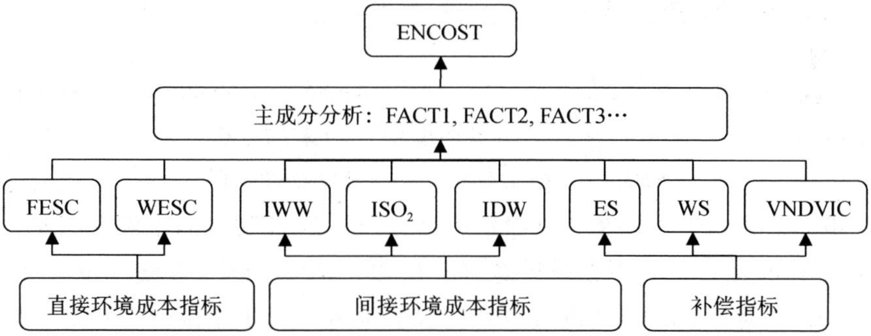

图 5 – 1　能源使用的综合环境成本评价指标

5.1.2　能源使用的经济收益综合评价

能源使用的经济收益是指因为能源使用带来的社会经济进步，包括：

（1）由于能源使用带来的社会经济规模收益，如各产业产值等。本书拟采用对能源使用依赖程度高的第二产业生产总值（SRDP）与第三产业生产总值（TRDP）表示，补偿指标为地区生产总值（RDP）和人均地区生产总值（ARDP）；

（2）由于能源使用产生的社会经济结构进步收益，如产业结构高度（IS），补偿指标为第二产业比重（SP），第三产业比重（TP）。在主成分分析中，能源综合经济收益（ECGAIN）的主成分构成将来源于上述指标，如图 5 – 2 所示。

$$IS = (SP + TP) * TP, \quad 0 \leqslant SP + TP \leqslant 1$$

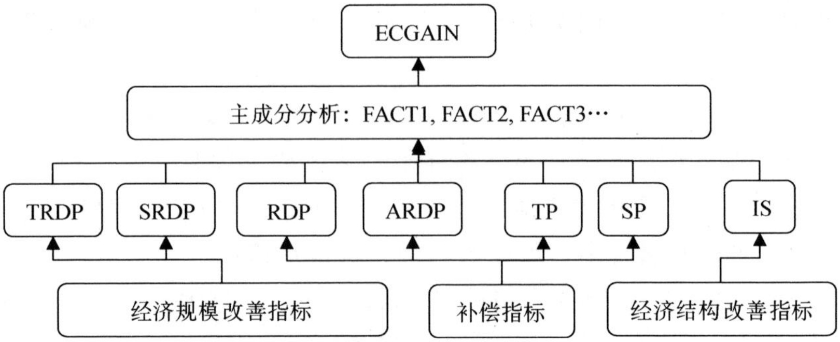

图 5－2　能源使用的综合经济收益评价指标

5.1.3　能源使用的生态经济效率评价

定义能源使用的生态经济效率（4E，*EEEE*，Economical－environmental efficiency of energy）为单位能源环境消耗带来的社会经济进步水平。

$$EEEE = (ECGAIN + 1)/(ENCOST + 1)$$

由于 *ECGAIN* 与 *ENCOST* 都是运算合成后的机制标准化综合指标，具有相对比较意义，不具有规模意义；所以，*EEEE* 也为合成标准化指标，可以进行相对比较，不能进行绝对比较。另外，由于主成分分析后对主成分值进行了极值标准化，将数据域值变为［0，1］，导致出现 *EEEE* 计算公式中分子分母为 0 的情况，所以，对分子分母都进行 +1 处理。

5.1.4　能源使用的生态经济效益评价

能源使用的生态经济效益（BEEE，Economical－environmental benefit of energy），又称为能源生态经济效益，是能源使用过程中对社会经济造成产出水平（正向），对生态环境造成影响程度（负向），以及系统效率（正向）的综合体现。较之前文能源生态经济效率（EEEE）的区别为，4E 为单位产出值，而前者“效益”是一个综合范畴，既包括“效率”，还包括“总量”。其具体核算方式为 Consulting－Classify（CC，基于类型划分的专家判定），即将上述三种主要指标依据得分大数据进行聚类分析，形成聚类中心后，再由专家对各聚类中心特征进行综合判断，判别各个聚类中心（BEEE）的“效益”高低，从而形成效益评价结论。因此，此处效益评价为一个相对量，只能在样本数据中进行比较分析，不能跨样本集比较，以及进行精确定量分析。

$$BEEE = CC(ECGAIN, ENCOST, EEEE)$$

5.2　主成分分析方法与数据说明

5.2.1　数据说明

我国大陆地区共有 385 个地级城市，由于本书需要进行长时间序列的以城市为单元的空间分析，所以需要进行面板数据筛选，保障入选案例城市在 10 年内的数据基本无缺失。数据指标见上文，数据资料主要来自历年《中国能源统计年鉴》《中国城市统计年鉴》《中国环境统计年鉴》等。经过面板数据有效性筛选后，有 212 个城市入选为案例城市，占大陆地区城市总数的 55%，主要集中在腾冲—漠河线以东。2005—2014 年数据共计产生样本 2120 条，如图 5 - 3 所示。

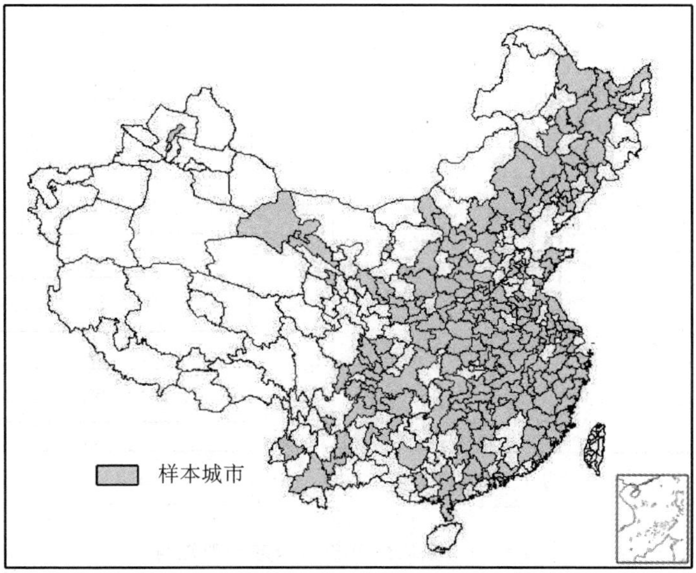

图 5 - 3　样本城市的分布

5.2.2 主成分分析方法

主成分分析又称为主分量分析（PCA，principle component analysis），这种方法充分遵循了降维的思想，对不同的指标进行整合、筛选，从而得到少量的综合指标，也就是主成分。降维的主要原则在于确保任何一个主成分，均可以揭示出原始变量的大部分信息，且所含信息互不重复。

主成分分析的具体流程为：①对一手数据进行处理，使其达到正态标准化；②计算出相关系数矩阵；③连续的正交变换，让非对角线上的数字0，和主对角加在一起；④得特征根系，根据大小进行排序；⑤计算出和所有特征根对应的特征向量；⑥通过计算得到所有特征根的贡献率；⑦各因子得分计算；⑧综合主成分得分计算；⑨对得分进行极值标准化，如图5－4所示。

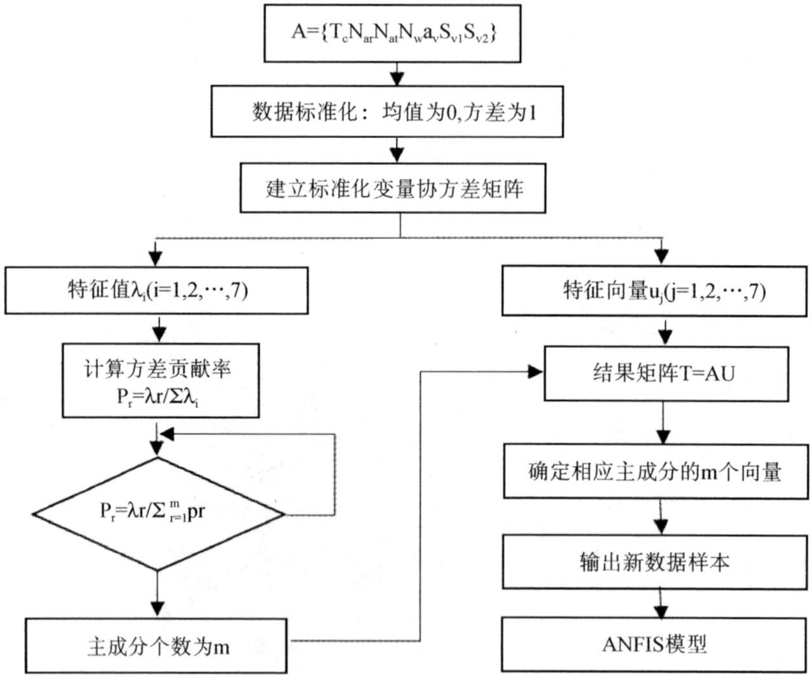

图5－4　主成分分析方法的一般过程

5.2.3　基于类型划分的专家判定方法

基于类型划分的专家判定方法（CC，Consulting - Classify）是以 K - mean 聚类分析方法为基础，兼顾结合了专家打分法的知识经验分类特长。

Steinhaus、Lloyed、Ball、McQueen 在 1955—1967 年，在各自的研究方向上，提出了 K - means 聚类算法。这种方法一经诞生，就被很多研究领域的学者所采纳，很多学者还对其进行了改良和优化。尽管这种方法已经有半个世纪多的历史，但它依旧是划分聚类领域最普及的工具之一。这主要归功于它所具有的优势，即简单、高效，以及有长期的成功应用所积累的丰富经验可以使用。

从分类上看，这种算法属于硬聚类算法中的一种，是非常具有代表性以原型为基础的目标函数聚类研究方法，其以数据点为起点，以原型为终点，两者之间距离就是优化的目标函数，通过函数求极值法确定迭代运算的调整规则。K - means 算法的相似度测度为欧式距离，它是计算对应某一初始聚类中心向量 V 最优分类，从而限制了评价指标的范围。这种统计方法聚类准则函数是误差平方和准则函数。它是非常经典的以距离为基础的聚类算法，它通过距离这一指标来衡量相似性程度，也就是说不同对象之间的相似度，和其距离之间呈负相关关系。根据这一算法的思想，簇是相似性比较高的对象的集合，所以它的目的是获取兼具紧凑性和独立性特点的簇。

影响聚类结果的因素有很多，其中最为突出的是 k 个初始聚类中心点的选择。这一算法应用的首要环节是按照随机的方法，选择 k 个对象，并将其当作初始聚类的中心，它们共同构成原始簇。采用这种算法时，在进行迭代的过程中，以数据剩余的对象和所有簇中心的距离为依据，再一次将对象归于相似程度最高的簇。数据对象的考察结束后，一轮的迭代运算结束，通过计算得到了新的聚类中心。若经过一轮迭代后，J 保持不变，证明实现了收敛的目的，如图 5 - 5 所示。

$$V = \sum_{i=1}^{k} \sum_{x_j \in S_i} (x_j - \mu_i)^2$$

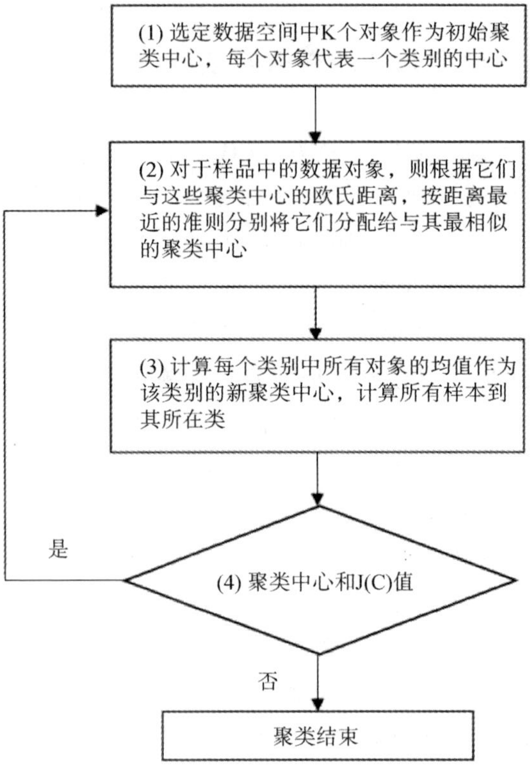

图 5-5　K-means 聚类算法流程图

首先，基于上述方法对多变量（指标）数据进行 K-mean 聚类分析，从而得到基于现实情况的聚类分析结果，即各类型的聚类中心；进一步，将这些分别由多变量值构成聚类中心提交专家审查，由专家基于聚类结果给出类型判断，并判定各个类型之间的优劣差别。这样做的好处是，较之传统的纯专家打分方法，增加了对原始数据的数理分析与预分类，使专家的打分对象减少，降低主观经验造成的误差；同时，较之传统的主成分分析，通过增加专家决策环节，减少了纯数理分析造成的学科专业逻辑缺失，降低惟数理论引起的应用（决策）失效风险。

5.2.4　空间重心分析

地理研究中，可用重心移动反映地理事物和现象空间分布的变化。将其用在本书的研究中用于体现相关指标近 10 年在空间上的变化情况，下面以能源生态经济效率为例，说明其计算方式。

$$(EEEE_{C,X},\ EEEE_{C,Y}) = \left(\frac{\sum_{i=1}^{n} EEEE_i \times I_X}{\sum_{i=1}^{n} EEEE_i},\ \frac{\sum_{i=1}^{n} EEEE_i \times I_Y}{\sum_{i=1}^{n} EEEE_i}\right)$$

其中（$EEEE_{C,X}$，$EEEE_{C,Y}$）为能源生态经济效率的全国重心经纬度坐标，（I_X，I_Y）为第 I 城市的经纬度坐标，$EEEE_i$ 为第 I 城市的能源生态经济效率值。其他指标的计算方法与此相同。

5.2.5　空间相关分析

地理实体彼此间是存在一定的关联的，根据 Tobler 的地理学第一定律，空间实体并非独立的，它们之间的关联和它们的距离呈正相关关系。

空间自相关指的是部分变量在相同分布区域中观测数据对彼此的依赖程度；空间自相关统计量的作用是衡量并反映地理数据的这个性质：某位置和别的位置上数据对彼此的依赖性；一般人们将其称作空间依赖；考虑到空间相互作用以及空间扩散的存在，地理数据彼此间总会存在一定的关联。比如，将空间上彼此分离的若干市场当作集合，若商品能够在两个市场中流通，那么商品价格和供应就会存在某种空间关联，失去独立性。事实上，商品价格的关联和市场距离之间呈负相关关系。

在地理统计学科中应用较多，现已有多种指数可以使用，但最主要的有两种指数，即 Moran 的 I 指数和 Geary 的 C 指数。

空间自相关分析，能够帮助人们衡量某一要素和紧挨着的空间点的属性值的关联性。如果分析结果为正相关，证明某单元和单元中紧挨着的其他单元是同向变化的，从而证明空间现象是有集聚性的；如果分析结果为负相关，就相反。空间自相关分析包括两种，具体如下：

（1）全局空间自相关，它对大的空间集合中，不同空间彼此间的依赖性进行描述；在这方面应用最为普及的指标为 Moran's I，将 Moran 散点图分成四个象限，分别表示四个区域空间差异类型：高高（本区域和附近地区的属性都处于较高水平，二者空间相似性高）、高低（本区域属性水平高，其附近地区则不同，二者空间相似性低）、低低、低高；如果需要了解某一地区是否有较高的空间自相关性，直接判断高高、低低类型数量的多少。

（2）局部空间自相关，所表示的是空间单元与紧挨区域趋同性的强弱，它代表每一个局部单元对全局的服从性（包含方向与量级指标），且能使空间的异质性得以凸显，让人们了解空间依赖性是怎样跟着位置改变而改变的。在这种自相关中，应用最为广泛的指标是 Local Moran's I。其空间关联模式分成四种，即高高型，表示的是属性值大于均值的空间单元被属性值大于均值的对应领域包围）、低低型，这两项关联的属性是正性；高低型、低高型，这两项关联的属性是负性。

5.3 能源生态经济效率与效益的动态变化特征

5.3.1 主成分分析结果

采用 SPSS 软件对能源生态经济效率指标进行主成分分析，KMO 检验值为 0.514，显著性为 0，见表 5-1，说明数据适合做主成分分析，按照特征值大于 1 的标准，来设定主成分的数量为两个，此外，前两个主成分的累计贡献率达到 84.9%，能对原有指标进行较大程度的解释和说明，满足通常情况下，主成分贡献率要达到 80% 的要求。

表 5-1　　ECGAIN 指标的 KMO 和巴特利特检验

KMO 取样适切性量数		.514
Bartlett 的球形度检验	上次读取的卡方	31502.128
	自由度	21
	显著性	.000

各特征值和对应的贡献率见表 5-2。

表 5－2　　ECGAIN 指标主成分分析的总方差解释

组件	初始特征值			旋转载荷平方和		
	总计	方差百分比	累积%	总计	方差百分比	累积%
1	4.107	58.671	58.671	3.691	52.727	52.727
2	1.836	26.235	84.906	2.252	32.178	84.906
3	.560	8.003	92.908			
4	.358	5.107	98.016			
5	.136	1.945	99.961			
6	.002	.026	99.987			
7	.001	.013	100.000			

根据主成分分析结果，前两个主成分能较好地说明原有信息。各主成分中指标的权重见表 5－3 成分矩阵。

表 5－3　　ECGAIN 指标旋转后的成分矩阵

组件	1	2
RDP	.941	.209
ARDP	.827	−.083
SRDP	.946	.030
TRDP	.868	.343
SP	.307	.828
TP	.311	.927
IS	.531	.734

通过比较表 5－3 中两个主成分在各指标对应的权重可知，第一主成分包含较多信息的是地区生产总值（0.941）、人均地区生产总值（0.827）、第二产业总值（0.946）和第三产业总值（0.868），几乎包含了这些指标九成以上的信息，可以认为第一主成分是经济规模因子。而第二主成分包含较多信息的是第二产业比重（0.828）、第三产业比重（0.927）和产业结构高度（0.734），也包含这些指标九成左右的信息，可以认为第二主成分是经济结构因子，如图 5－6 所示。

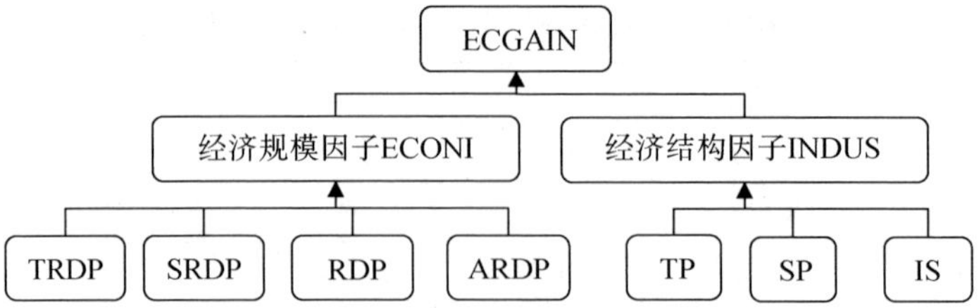

图 5-6　ECGAIN 指标的因子构成结构

用如上同样的方法，对能源生态经济效益进行主成分分析。KMO 检验值为 0.568，显著性为 0，见表 5-4，数据同样适合做主成分分析，按照特征值大于 1 的标准，来设定主成分的数量为三个，此外，前三个主成分的累计贡献率达到 70%，虽然与通常要求的 80% 有一定的距离，但是能解释原有指标中七成的信息，解释程度较高，可以采信。

表 5-4　　ENCOST 指标的 KMO 和巴特利特检验

KMO 取样适切性量数		.568
Bartlett 的球形度检验	上次读取的卡方	15774.189
	自由度	28
	显著性	.000

各特征值和对应的贡献率见表 5-5。

表 5-5　　ENCOST 指标主成分分析的总方差解释

组件	初始特征值			旋转载荷平方和		
	总计	方差百分比	累积%	总计	方差百分比	累积%
1	3.533	44.163	44.163	3.454	43.170	43.170
2	1.062	13.280	57.443	1.141	14.260	57.430
3	1.010	12.624	70.067	1.011	12.637	70.067
4	.879	10.992	81.059			
5	.811	10.139	91.199			
6	.529	6.614	97.813			
7	.173	2.158	99.971			
8	.002	.029	100.000			

通过比较表 5-6 三个主成分中各指标权重可知，第二主成分包含较多

信息的指标是工业烟尘排放（0.873）、工业二氧化硫排放（0.534），分别解释了接近九成和一半多的信息，可以认为是空气消耗因子，第三主成分中包含较多信息的指标是植被净消耗水平（0.968），几乎包含其全部信息，可以认为是植被消耗因子，第一主成分中包含较多信息的指标有火力发电碳足迹（0.906）、水力发电碳足迹（0.538）、电力供给（0.958）、水资源供给（0.908）和工业污水排放（0.588），分别解释了相关指标九成以上和一半以上的信息，可以看作是其他消耗因子，如图 5－7 所示。

表 5－6　　　ENCOST 指标旋转后的成分矩阵

组件	1	2	3
IWW	.588	.295	.059
$IWSO_2$	.498	.534	.117
IWD	-.078	.873	-.067
WS	.908	-.040	-.032
ES	.958	.043	-.048
WESC	.538	.026	.201
FESC	.906	.049	-.097
VNDVIC	.004	-.016	.968

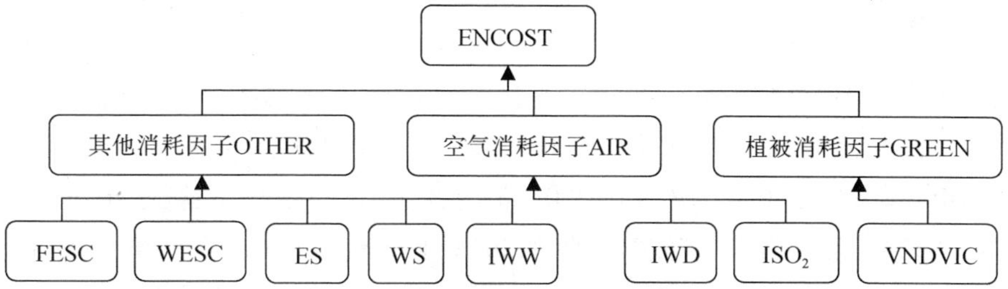

图 5－7　ENCOST 指标的因子构成结构

5.3.2　能源生态经济效率的动态变化

依据前文的计算公式，得到 212 个样本城市在 10 年间的能源生态经济效率值（EEEE），进一步求取每年全国平均值；环境成本综合得分及经济收益综合得分同理，如图 5－8 所示。

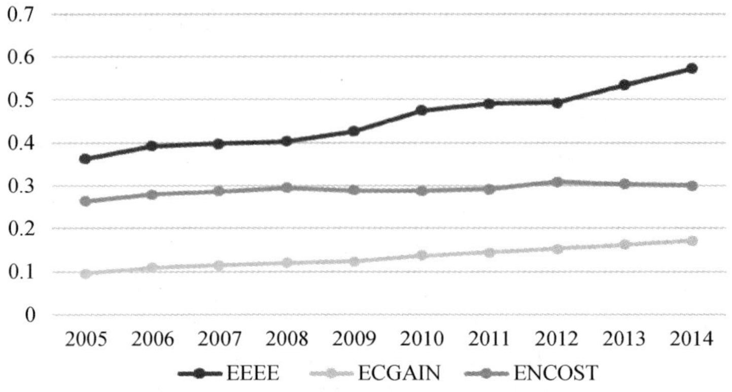

图 5-8 能源生态经济效率及其构成的动态变化

可以看出，近10年间，我国能源生态经济效率不断上升，并且这种上升趋势符合进化式逻辑斯蒂曲线，即边际增长率（EEEE的一阶导）始终大于等于0，但边际增长率的增长率（EEEE的二阶导）却在0值两边变换。这种阶梯状的增长曲线形态说明我国能源生态经济效率具有自进化机理，能够在技术瓶颈来到时，通过机制调整继续加速改善。此外，可以看出能源综合经济收益得分曲线（ECGAIN）在过去10年中呈现出显著上升趋势，但能源综合环境成本得分曲线（ENCOST）变动不明显，反映出我国能源生态经济效率的改善主要是因为对能源环境消耗的良好控制。

从图5-9中可以看出，近年的经济结构得分明显高于经济规模，但是经济规模和综合经济效益得分有明显提升，而经济结构得分却在波动下滑。经济规模从2005年的略低于0.1逐渐增加到2014年的接近0.2，经济结构由2005年的0.42增加到2006年的0.45后，逐年下降至2009年的0.4，随后小幅回升后又下降，直到2014年略高于0.4。在经济规模逐年提升和经济结构波动下滑的共同影响下，近年的综合经济效益稳步上升，增速略小于经济规模的增速。

从图5-10中看可以看出，近年能源环境效益构成中，得分最高的指标是植被，其在0.6和0.7之间波动，2014年比2005年的得分有略微上升。空气指标得分较低，在略低于0.1的得分上保持稳定。其他指标的得分由略低于0.4逐渐到达0.4，而能源环境效益综合得分则由低于0.3慢慢增加到0.3，其在2009年和2010年有小幅下降，其余年份则缓慢增加。

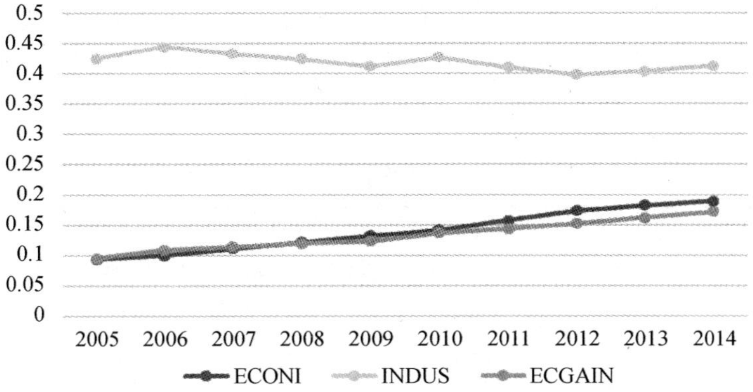

图 5－9　能源经济效益综合得分及其构成的动态变化

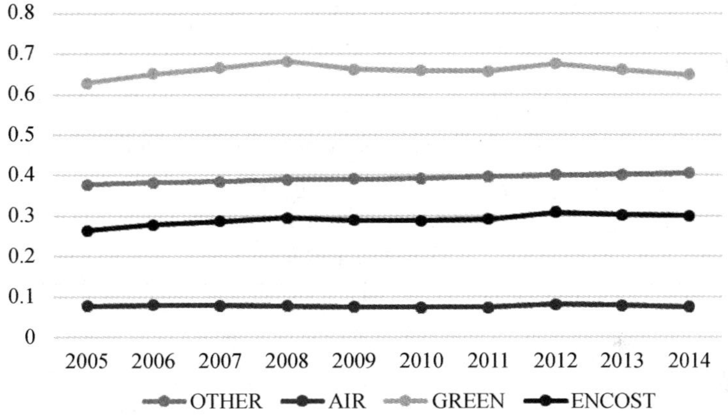

图 5－10　能源环境效益综合得分及其构成的动态变化

5.3.3　能源生态经济效益的动态变化

对主成分分析运行后的能源综合环境成本（ENCOST）、能源综合经济收益（ECGAIN），以及能源生态经济效率进行 K－mean 聚类分析，初始中心之间的最小距离是 0.610。有经过 46 次迭代运算后由于聚类中心无更改或只有小的更改，因此达到了汇合。

通过对表 5－7 中聚类中心的位置分析，得出类型 3 为高产高耗高效类；类型 1 为中产中耗高效类；类型 2 为低产低耗中效类；类型 5 为低产低耗低效类；类型 4 为中产高耗低效类。依据本书的研究目的及能源生态经济效率的定义，认为效率（EEEE）优先于（ENCOST）优先于（ECGAIN），因此现在 5 类的优越性表现为 3 >1 >2 >5 >4，依次分别重命名为 A、B、C、D、E。

表 5 -7　　最终聚类中心

指标	1 中产中耗高效	2 低产低耗中效	3 高产高耗高效	4 中产高耗低效	5 低产低耗低效
ECGAIN	.2376	.0970	.6294	.3088	.0910
ENCOST	.3208	.2390	.6293	.6066	.2951
EEEE	.6391	.5189	.7789	.3628	.4208

从表 5 -8 和图 5 -11 中可以看出 2005—2014 年间，A 类效益城市从 0 增长至 8 个，B 类城市从 9 个增长为 45 个，C 类城市从 123 个降为 98 个，D 类城市从 69 个降为 52 个，E 类城市从 11 个降为 9 个。A、B 两类的比重由 4% 上升为 25%，C、D 类的比重从 38% 下降到 29%。可以看出近 10 年间，我国能源生态经济效益总体水平不断改善。

表 5 -8　　各类型样本数量

类型	A	B	C	D	E
2005 年	0	9	123	69	11
2006 年	2	20	109	73	8
2007 年	2	20	98	82	10
2008 年	2	22	87	92	9
2009 年	2	28	102	71	9
2010 年	3	34	118	48	9
2011 年	3	41	98	63	7
2012 年	4	40	88	67	13
2013 年	7	42	106	48	9
2014 年	8	45	98	52	9
截面总计	33	301	1027	665	94

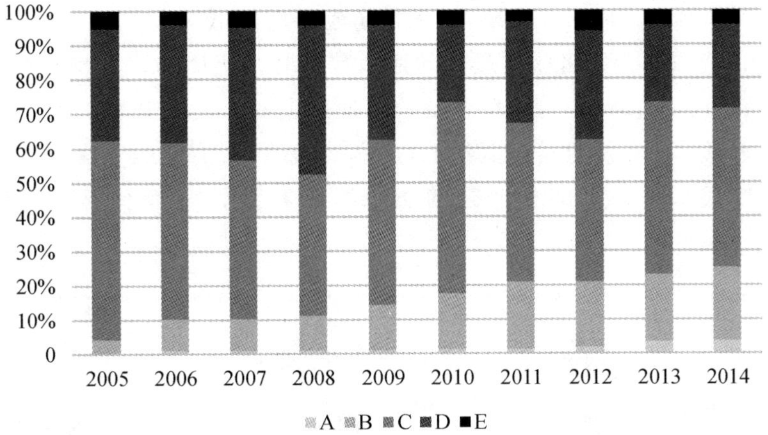

图 5-11　能源生态经济效益的动态变化

5.4　能源生态经济效率与效益的空间变化特征

5.4.1　能源生态经济效率的空间变化

图 5-12 反映了我国各城市能源生态经济效率的空间变化情况。2005 年，能源生态经济效率偏高和偏低的地区约各占一半，效率较高的地区一部分在东北，一部分在中部和南部零散分布。2010 年，各地能源生态经济效率提高，不少效率偏低的地区进入了效率中等或较高行列，同时，效率最高的地区数量增多。2014 年，各地能源生态经济效率进一步提高，效率偏高地区超过了一多半，且集中在东南部沿海和中东部地区。但是，东北部地区有一部分由效率中等偏高地区降为了较低地区。除了部分东北部地区能源生态经济效率有所下降外，大部分地区的效率都呈上升趋势。

由图 5-13 可知，各地能源经济效益综合得分不断提高。2005 年，超过一半的地区能源综合经济收益偏低，零散分布着一些综合效益中等和较高的地区，属于最高类别的地区数很少。2010 年，能源综合经济收益最高的地区数量增多，同时中部也有一部分地区由较低效益变成了中等效益。2014 年，能源综合经济收益最高的地区数量有小幅增加，但是效益较高的地区数量明显增多，还有一些效益较低地区也变为效益中等。经过 10 年的发展，能源综合经济收益偏低的地区大幅减少，只有为数不多的几个地区仍处于较低水平。大部分地区的能源综合经济收益都有了不同程度的提升。

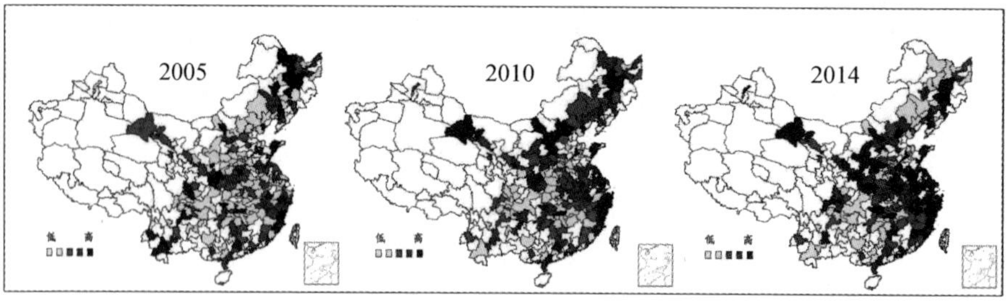

图 5－12　能源生态经济效率的空间变化

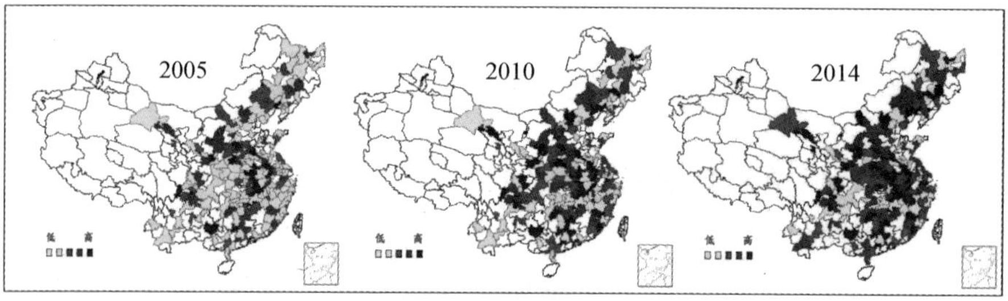

图 5－13　能源经济效益综合得分的空间变化

由图 5－14 可知，各地能源环境成本综合得分的变化程度比能源经济效益的变化程度小。2005 年，约一半地区能源环境成本综合得分位于中等以下水平，到 2010 年，位于中等以下水平的地区数量减少，处于中等水平的地区明显增多，同时，较高和最高水平的地区也增多。2014 年，能源环境成本综合得分最高的地区数继续增加，同时，有一部分在 2010 年已经上升为中等水平的地区又回落到了较低水平。整体而言，大部分地区的能源环境成本综合得分都在不同程度的提升，也有个别地区上升情况不稳定，在水平提升后有回落现象。

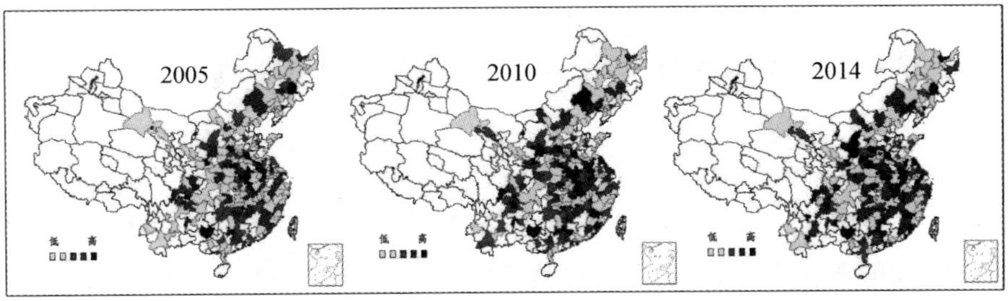

图 5－14　能源环境成本综合得分的空间变化

5.4.2　能源生态经济效益的空间变化

利用图 5－15 比较 2005—2014 年的能源生态经济效益的空间变化可知，效益水平整体在提升。2005 年，大部分地区的能源生态经济效益为中等或较差水平，在东部、中部和华北还零散分布着一些效益属于最低类别的地区，只在东北、中南部和南部沿海有少许效益较好的地区。2010 年，能源生态经济效益较好的地区明显增多，多数分布在东部沿海地区，东北和中西部内陆也有零星分布的效益较高地区，同时，出现了东部沿海地区效益最高的地区。2014 年，东部沿海能源生态经济效益较好的地区进一步增加，中西部内陆效益最低的地区数减少，有的东部地区的能源生态经济效益从 2010 年的最低跳转为最好，但是，也有些北部地区的能源生态经济效益降低，从中等将为较差，或从较高将为最低。总体而言，各地的能源生态经济效益水平有所好转。

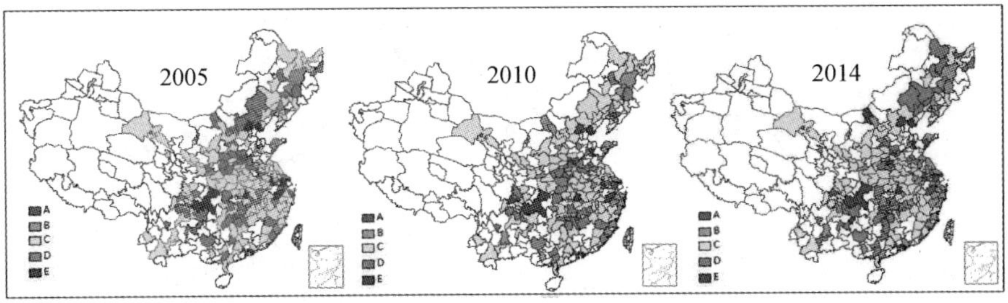

图 5－15　能源生态经济效益的空间变化

5.4.3 能源生态经济效率与效益的空间重心转移

图 5－16 描述了 10 年期间能源生态经济效益相关指标包括能源生态经济效率（EEEE）、能源生态经济效益（BEEE）、能源综合环境成本（ENCOST）和能源综合经济收益（ECGAIN）的空间重心变化。由图可知，能源综合环境成本（ENCOST）东西向和南北向的拟合优度较差，分别为 $R^2=0.1869$ 和 $R^2=0.0852$，它的空间重心无明显转移趋势；能源生态经济效率（EEEE）和能源生态经济效益（BEEE）东西向的拟合优度较好，分别为 $R^2=0.4601$ 和 $R^2=0.4509$，而南北向拟合优度较差，分别为 $R^2=0.0822$ 和 $R^2=0.0438$，这两个指标呈现向东部转移的趋势；能源综合经济收益（ECGAIN）的东西向和南北向的拟合优度都较好，分别为 $R^2=0.7131$ 和 $R^2=0.3734$，其空间重心呈现向东南部转移趋势。

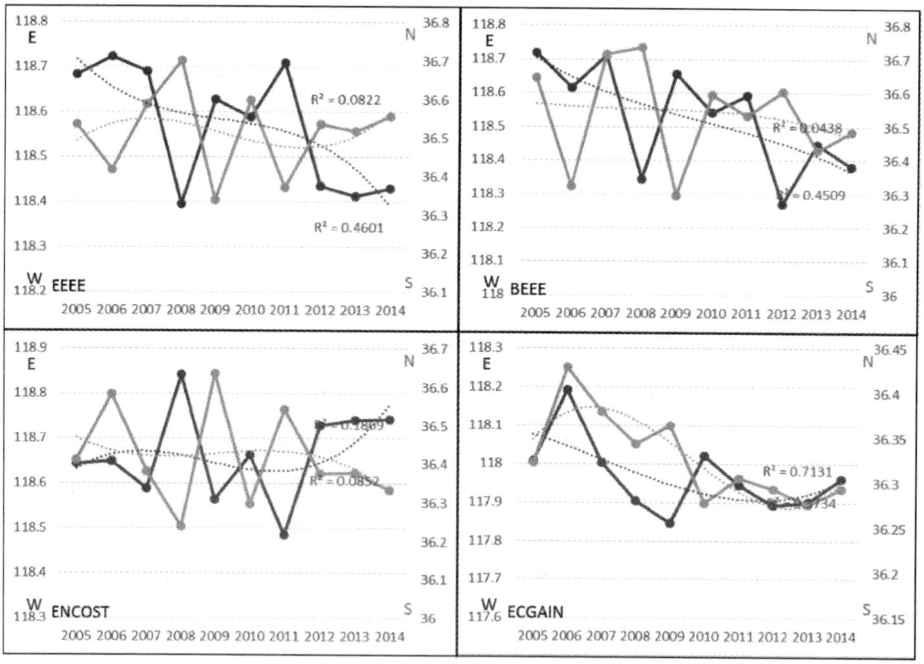

图 5－16　能源生态经济效益相关指标的空间重心变化

5.4.4　能源生态经济效率与效益的空间自相关分析

通过表 5－9 对 2014 年全国各地 EEEE 进行空间自相关分析，Moran's I 指数为 0.1661，与预测指数 －0.0047 的差异达到显著水平（标准差 C＝0.0136，P＜0.01）。结果表明不同地点 EEEE 存在显著的正空间相关，也就是说，某地 EEEE 与其相邻的地区的 EEEE 存在显著正相关；全国各地 BEEE Moran's I 指数为 －0.0047，与预测值 0.0002 之间差异达到显著水平（标准差 C＝2.8050，P＜0.01）。结果表明不同地点 BEEE 存在显著负空间相关性，也就是说，某地 BEEE 与其相邻地区 BEEE 存在显著负相关性。利用图 5－17 比较 2005—2014 年的能源生态经济效益的空间变化可知，效益水平整体在提升。

表 5－9　2014 年能源生态经济效率与效益的空间自相关检验

	EEEE	BEEE
Moran's I 指数：	0.166068	－0.004739
预期指数：	－0.004739	0.000187
方差：	0.000186	7.867956
z 得分：	12.537990	－0.004739
p 值：	0.000000	0.000000

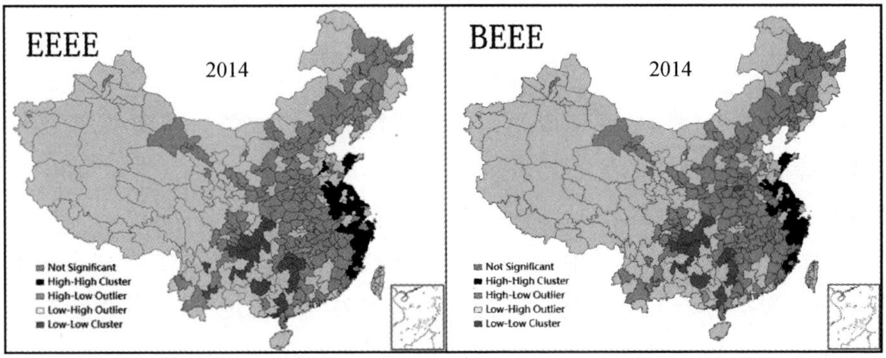

图 5－17　2014 年能源生态经济效率与效益的空间相关聚类

LISA 分布图，将变量值区域和附近区域四类的局部空间关联呈现出来，也就是高高（High - high）、高低（High - low）、低高（Low - high）和低低（Low - low）。在高高联系中，区域及其附近区域均具有高的属性值。在高低联系中，区域拥有高的属性值，但其附近区域则不然。高高和低低联系代表不同区域的空间正相关关系较为明显，呈现出区域的集聚和相似性。高高联系和低低联系中则相反。

从2014年能源经济效益LISA聚类图中可以看出，EEEE和BEEE在全国范围内空间相关性相对较差，且在空间上呈现较强相似性。在东北及东南部分地区EEEE和BEEE空间分布相关性均不明显；东部沿海地区EEEE和BEEE空间相关性显著，说明该地区EEEE存在集聚性，BEEE空间聚集特征与之类似；EEEE呈现High - low分布特征的地区较少，零星分布于东北及东南部等地，而BEEE呈High - low特征地区主要集中于中南部分地区，该地区EEEE（BEEE）值较高，但其周围地区能源生态经济效率（效益）则相对较低；EEEE呈Low - high分布特征的地区则更少，只分布在天津地区，该地区EEEE（BEEE）值较低，但其周围地区能源生态经济效率（效益）则相对较高；中南大部分地区EEEE和BEEE则呈显著空间负相关性，该地区EEEE（BEEE）值均较低，且周围效率和效益也相对较低，该区域能源生态经济效率与效益存在显著异质性。

5.5 本章小结

在辨识能源使用的环境成本，能源使用的经济收益，能源使用的生态经济效率，能源使用的生态经济效益等概念的内涵基础上，本章节构建了城市能源生态经济效益综合评价指标体系。基于《中国能源统计年鉴》《中国城市统计年鉴》《中国环境统计年鉴》，综合使用了主成分分析，K - Mean聚类分析、空间重心分析和空间相关分析等地统计学和经济地理学的方法，分析评价了占全国55%的212个城市10年的能源生态经济效益。

结果表明，近10年间，我国能源生态经济效率不断上升，主要是因为对能源环境消耗的良好控制，呈现出能源环境效益综合得分缓慢上升，环境成本缓慢下降的特征。其中各类环境影响中，植被的权重最高。此外，虽然经济结构存在波动，但在经济规模逐年提升的共同影响下，综合经济效益总体稳步上升。

就最终的能源生态经济效益而言：2005—2014 年，高产高耗高效类、中产中耗高效类城市的比重由 4% 上升为 25%，低产低耗中效类、低产低耗低效类的城市比重从 38% 下降到 29%。可以看出近 10 年间，我国能源生态经济效益总体水平不断改善。

另一方面，从地域空间视角来看：各地能源生态经济效率进一步提高，效率偏高地区超过了一多半，且集中在东南部沿海和中东部地区。但是，东北部地区有一部分由效率中等偏高地区降为了较低地区。除了部分东北部地区能源生态经济效率有所下降外，大部分地区的效率都呈上升趋势。

2005—2014 年的能源生态经济效益整体在提升，2014 年，东部沿海能源生态经济效益较好的地区进一步增加，中西部内陆效益最低的地区数减少，总体而言，各地的能源生态经济效益水平有所好转。能源生态经济效率（EEEE）和能源生态经济效益（BEEE）呈现向东部转移的趋势；能源综合经济收益（ECGAIN）重心呈现向东南部转移趋势。

对 2014 年数据分析发现，全国各地 EEEE 存在显著的正空间相关，不同地点 BEEE 存在显著负空间相关性，即 BEEE 与其相邻地区 BEEE 存在显著负相关性。EEEE 和 BEEE 在全国范围内空间相关性相对较差，且在空间上呈现较强相似性。在东北及东南部分地区，EEEE 存在集聚性，BEEE 空间聚集特征与之类似；EEEE 呈现 High - low 分布零星分布于东北及东南部，BEEE 呈 High - low 特征地区主要集中于中南部分地区；EEEE 呈 Low - high 特征的只分布在天津地区；中南大部分地区 EEEE 和 BEEE 则呈显著空间负相关性，该区域能源生态经济效率与效益存在显著异质性。

第 6 章

我国能源生态经济效益的驱动力分析

在前述章节中对能源生态经济效益及相关指标进行了测度，并整理出时间序列和空间分布数据。这一章正是在前述章节的基础上，深入分析影响这些得分变化的驱动力因素。本章先利用 STRIPAT 模型分析能源生态足迹的影响因素，进而利用人工神经网络对能源生态经济效益的驱动力进行分析。利用人工神经网络的分析方法开展社会科学实验，通过模拟过程进行输入参数控制实验，从而获取多输入 - 多输出关系中的两两关系，清楚的辨识各个能源环境影响的驱动因素。

6.1 基于 STRIPAT 模型的能源生态足迹驱动力分析

6.1.1 数据说明

本节采用的数据源自 2006—2012 年的《中国统计年鉴》以及《中国能源统计年鉴》。具体来说有人口规模、人均 GDP、城市化率、单位 GDP 能耗，以及第 3 章能源消费的生态足迹数据。GDP 等指标的货币价格均以 2012 年不变价进行折算。

6.1.2　STRIPAT 分析方法

可拓展的随机性的环境影响评估模型（STIRPAT，Stochastic Impacts by Regression on Population Affluence and Technology）是本书对能源足迹驱动力进行分析时选择的方法。这种模型的效果得到了充分的证明，在环境压力因素分析领域中十分普及。York 利用已有的结论，比如 IPAT 等式，设计出这种随机回归模型，模型的表达式是：

$$I = aP^{b}A^{c}T^{d}e$$

其中，I 代表环境压力，P、A、T 依次代表人口数量、富裕度和技术水平，a 表示模型系数；e 代表模型误差；b、c、d 依次代表人口数量、富裕度和技术水平的驱动力指数，代表每个驱动力指标变动时对总能源足迹的驱动程度，若 $a = b = c = d = 1$，此时的 STRIPAT 模型等于 IPAT 等式。STRIPAT 模型延续了 IPAT 等式的优点，并且能够接受模型的分解和扩展，从而为各研究提供更加丰富的支持。

6.1.3　能源生态足迹影响驱动力指标

能源足迹变化受到很多因素的影响，其中有很多因素都吸引了众多学者的关注，比如人口、城市、经济、产业结构等。笔者充分利用已有的研究成果，以城市系统为切入点，对驱动力指标进行分类，得到社会、经济、技术三种类型，这样就能够更好地揭示出各个方面和层次提供给能源足迹的驱动力。结合社会和经济发展状况，综合考虑人口规模、技术更新快等特点，以能源足迹为对象展开系统动力学分析，从而找到能源足迹变化的核心驱动力，如图 6 - 1 所示。

各驱动力指标及其内涵见表 6 - 1。

（1）人口数量。在人口不断增长的过程中，人们对能源的需求必然会有所扩张，因此它为足迹增长提供了有力的驱动力；

（2）富裕度。富裕度是描述经济发展水平的指标，相比生活所消耗的能量，生产消耗的能量是更大的，所以经济的发展也会影响到能源足迹；

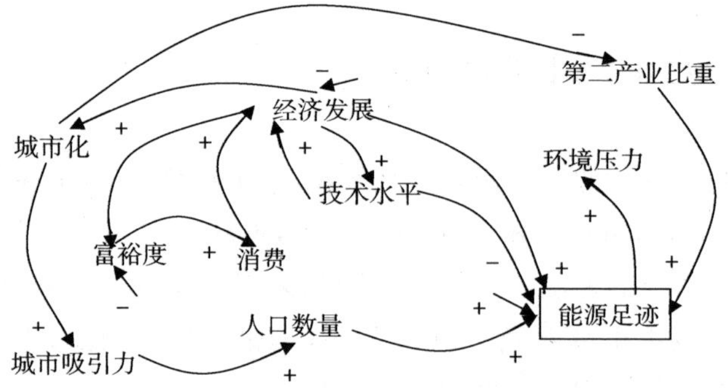

图 6－1　能源足迹驱动力系统动力学分析

（3）城市化率。城市化率的提高，是以城市建设为基础的，而城市建设需要使用大量的能源；

（4）产业结构。尽管经济为能源足迹提供了强大的动力，但不同产业提供的影响则是有所差异的，大部分的学者认为，相比第一、三产业，第二产业的能耗更高；

（5）技术水平。更加先进的技术应用，将会提高能源效率，将能源浪费量控制在更低范围内，这会导致能源足迹有所降低，也就是技术进步给能源足迹提供的是负向的驱动力。

表 6－1　　能源足迹驱动力指标

分类	驱动力	计算方法或表征值
社会	人口数量	常住人口
	城市变化	非农人口/总户籍人数
经济	富裕度	人均 GDP
	产业结构	第二产业 GDP/全市 GDP
技术	技术水平	万元 GSP 能耗

将表 6－1 中的指标融入 STRIPAT 模型中，从而创建新的计量模型，其表达式如下：

$$EEE = aP^{b}K^{f}A^{c}S^{g}T^{d}e$$

其中，K 代表城市化率，S 代表产业结构，f、g 依次代表城市化率和产业结构的驱动力指数。

6.1.4　能源生态足迹影响驱动力分析

对上文驱动力模型进行回归分析，有 F 检验为 0.9722，各系数 t 检验 P 值均小于 0.005，R^2达到 0.9216。

$$EEE = 4.21 \times P^{0.56} \times K^{0.52} \times A^{0.19} \times S^{0.14} \times T^{-0.42}$$

对拟合结果进行分析可知，人口数量、城市化率、富裕度、产业结构以及技术水平，施加给能源足迹的驱动力指数依次是 0.56、0.52、0.19、0.14、－0.42。相比其他的指数，人口数量提供的驱动力是最大的，它和总能源足迹之间的变化关系为 1∶0.56；紧随其后的是城市化率，它和人口数量一起，为能源足迹提供了大部分的正向驱动力，技术水平和总能源足迹之间的变化关系为 1∶－0.42，其为能源足迹主要的负向驱动力。

在数据统计期间，国内能源足迹按照每年 6.72% 的水平不断提高。人口数量以及城市化率这两项目提供正向驱动力的指数，都有所增长，人口数量年增长率为 2.93%，随着人口规模的扩大，社会能源需求也有所增长，它为能源足迹的增长提供了直接、不间断的驱动力。

城市化率在样本期内的增长幅度是非常大的。在城市化率不断提高的过程中，城市建设力度和范围全面加大，刺激能源需求的上升。另外，随着城市化率的提高，更多的人会流入到城市中，带动城市人口增加，驱动能源足迹增长。

富裕度虽然一直保持增长，年均增长率达到了 9.2%，不过其提供给能源足迹的驱动力相对并不大。环境库兹涅斯曲线理论告诉我们，如今经济发展施加给能源足迹的压力不断降低，不过离拐点还有一定的距离。以第二产业为例，其产业结构驱动力施加给能源足迹的作用并不大。2009 年，第二产业所占比例上升幅度相对比较小，但能源足迹的增长趋势并没有受到影响，充分证明了这一点。

单位 GDP 能耗和技术水平之间呈负相关关系，在数据统计期间，单位 GDP 能耗始终保持降低的趋势，年均降幅达到 5.2%。尽管技术水平的提高，对能源足迹的上升施加了负面作用，但在其他因素的作用下，后者依旧保持良好的增长趋势，当然这也和能源的反弹效应有关。技术进步能够为经济增长带来更有力的助力，从而间接地刺激了能源需求的上升，这就是所谓的反弹效应。在数据统计期间，技术进步非常明显，不过 GDP 年增长幅度也达到了 9.37%。技术水平的提高，对能源足迹的上升趋势的影响非常微弱，充分证明能源反弹效应的存在，有效地削弱了来自技术水平的负向驱动力。

总而言之，按照对能源足迹朝着增长方向变化作出贡献的大小进行排序，贡献最大的是人口数量，紧随其后的依次是城市化率、富裕度以及产业结构。能源足迹增长最主要的驱动力来自人口数量以及城市化率，富裕度以及产业结构尽管也能作出一定的贡献，但是其提供的驱动力相对较小。随着社会的发展，来自富裕度这一因素的驱动力还会有所降低。产业结构对能源足迹增长作出的贡献非常不稳定。技术水平的提高，将会导致能源足迹降低，这种影响作用是比较明显的，不过考虑到能源消耗的反弹效应，该因素最终对能源足迹的影响被削弱了。

6.2 基于 ANN 模拟的能源生态经济效益驱动力分析

6.2.1 数据说明

本节的数据分析是第 5 章主成分分析的延续，所用数据为前文主成分分析结果，包括能源综合环境成本（ENCOST），能源空气环境消耗（AIR），能源植被环境消耗（GREEN），能源综合经济收益（ECGAIN），能源经济发展规模（ECONI），能源经济发展结构（INDUS）。同时，为了统一域值，便于在后续相互关系分析时易于理解，将所有变量用极值标准化方法进行域值为［0，1］的标准化。

$$\dot{A}_t = \frac{A_i - MIN(A_1, A_2, \cdots, A_i, \cdots, A_n)}{MAX(A_1, A_2, \cdots, A_i, \cdots, A_n) - MIN(A_1, A_2, \cdots, A_i, \cdots, A_n)}$$

6.2.2　人工神经网络分析方法

人工神经网络，是一种具有非线性特点并且十分复杂的计算系统，它包含了很多的简单计算单元，也就是神经元。它能够对人脑神经系统的生理活动进行模拟，所以是一种具有智能的工具，能够进行自学习、记忆以及计算。人工神经网络最大的特点主要体现在这些方面：

(1)在缺乏完善的数学研究模型的环境下，对多输入和多输出的非线性数量关系展开模拟性研究，且能借助并发式协同数据处理方法，对数据进行系统化的处理；

(2)在信息处理方面呈现出自组织、自学习的特征，给后续的联想、推广带来极大的便利，可以通过结束训练的网络和确定的数据，对未知数据展开模拟以及预测操作；

(3)该方法的拟合误差和泛化利用度是能够调整和控制的，比如在网络外部对数据进行优化处理，或者是在网络内部修改层次、节点的数量等。

图 6－2 即为应用最为广泛的人工神经网络结构。从图中可以看出，这种网络是由三个层次构成的，即输入层、隐含层以及输出层，每一层中神经元的数量是可以自行设置的。设置方法有两种，一种是人工设置，另一种是计算机自行设置，所有层里面的传递函数均相同，一项神经网络中所涵盖的学习函数、训练函数、性能函数均没有区别。传递函数的主要作用是当两个或更多神经元收发数据时，对数据展开加工处理；性能函数的

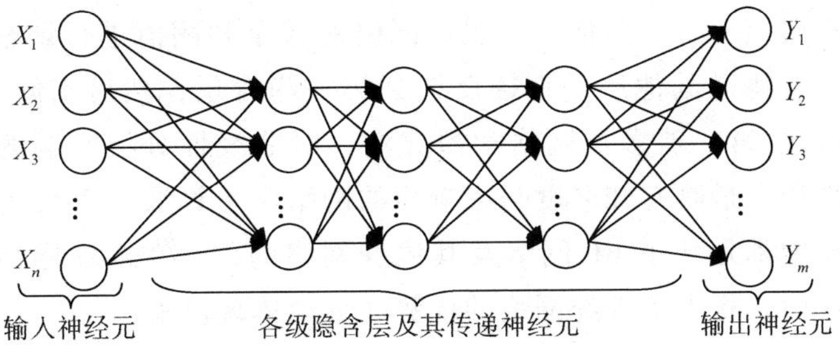

图 6－2　MLP 人工神经网络一般结构示意图

主要作用是检查网络训练结构有没有达到预期的目标，如果并未实现该目标的话，该函数还会把数值反馈给所有的层，然后根据学习函数修改每一层的权重和阈值。学习函数是确定权重变动速度及方式的函数。

通过图 6－3 我们能够对神经元中数据是如何传递的有所了解。假定 i 层中存在 j 个神经元，完成这些神经元的计算工作后，将结果传递给 $i+1$ 层里面编号为 k 的神经元，同时确定各项数据 $p_{i,j}$ 的权重值 $w_{i,j}$，将所有的权重值相加，得到 $W_{i+1,k} = \sum_{1}^{j}(w_{i,j} \times p_{i,j})$，在 $W_{i+1,k} > \theta$（θ 代表阈值）的情况下，$W_{i+1,k}$ 就会被这一层的传递函数 f_{i+1} 所接收并展开计算，这一神经元就会输出数据 $p_{i+1,k} = f_{i+1}(W_{i+1,k})$。假如性能函数计算出的误差回传过来，使用另外两项函数对阈值和权重值实施修改，再重复上述过程，直到网络未完全达到性能函数的要求。

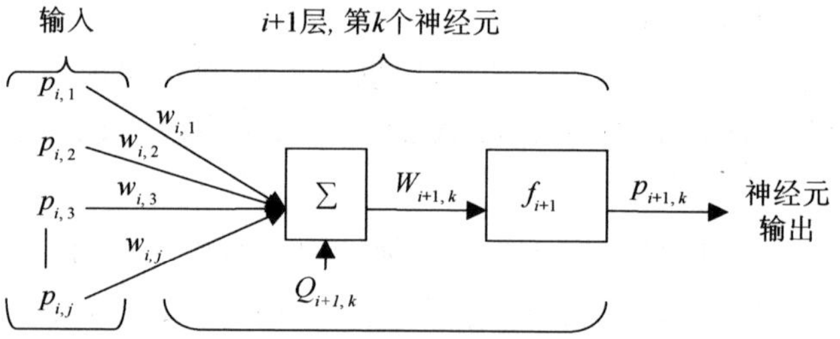

图 6－3　单个神经元运算示意图

本书选择多层感知神经网（MLP，Multi－layers perceptron）为函数拟合型（Regression）BP 人工神经网络，也就是是前馈反馈式人工神经网络。和普通的人工神经网络相比，它最明显的优势就是引入了层层反馈机制，这种机制会将误差一层一层地传回去，同时对权重和阈值进行调整。而普通的神经网络会跳过其他层，直接反馈到第一隐含层，然后实施前馈修改。BP 神经网络是第一项多层网络学习算法，对非线性分类问题的适用性较高，也是现如今最具有知名度与影响力的网络学习算法。大约 90% 的人工神经网络模型都是基于 BP 网络及其演变网络的，它在前馈网络中起着最为关键的作用，将人工神经网络的优势充分地体现出来。

本书采用的神经网络方法是基于 NeuroSolutions 6 软件的基础之上的，和国内普及力度较大的 Matlab 神经网络工具箱相比，该软件的专业性更强，界面更加人性化，能够以 Excel 数据表为平台运行。正是凭借着这些优势，该方法在国外学术界迅速地普及开来。

6.2.3　人工神经网络参数设置

如图 6 – 4 所示，本书采用具有 1 个隐含层的 MLP 网络，将能源综合经济收益指标(ECGAIN)，城市经济规模指标(ECONI)，城市经济结构指标(INDUS)作为输入变量；将能源综合环境成本指标(ENCOST)，空气环境消耗指标(AIR)，指标环境消耗指标(GREEN)，其他环境消耗指标(OTHER)作为输出变量(期望变量)。该模型的学习函数为 trainlm，使用 LM 算法，是介于牛顿法和梯度下降法之间的一种非线性优化方法，不但会加快训练速度，还会减小陷入局部最小值的可能性。隐含层对应的传递函数为 TanhAxon，输出层传递函数为 LinearAxon。

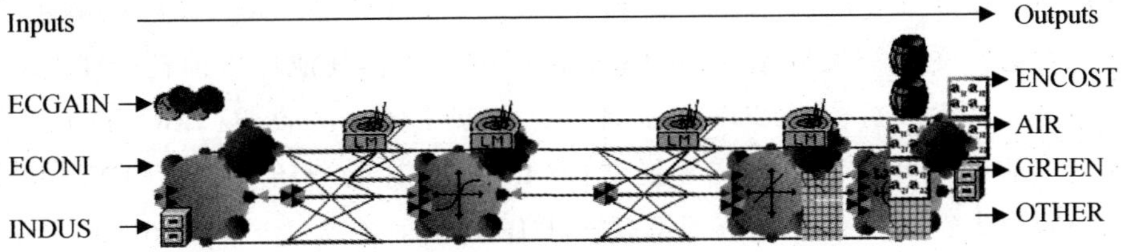

图 6 – 4　本书所用 ANN 网络参数设置

6.2.4　模拟与敏感性检验

训练后的人工神经网络各项指标见表 6 – 2，其中能源综合经济收益(ECGAIN)及相关指标 ECONI，INDUS 对其他环境消耗指标(OTHER)的变化拟合情况最好，可达 91.40 分，对能源综合环境成本指标的拟合情况次之，为 87.50 分；而对大气环境消耗指标和植被消耗指标的拟合情况一般，分别为 60.85 和 53.68。

表 6 – 2　　训练后人工神经网络的表现

Performance	OTHER	AIR	GREEN	ENCOST
RMSE	0.0407	0.0324	0.0725	0.0585
NRMSE	0.0407	0.0324	0.0725	0.0585

续表

Performance	OTHER	AIR	GREEN	ENCOST
MAE	0.0228	0.0126	0.0465	0.0359
NMAE	0.0228	0.0126	0.0465	0.0359
Min Abs Error	0.0000	0.0000	0.0000	0.0000
Max Abs Error	0.3834	0.9159	0.6617	0.5382
r	0.8846	0.2667	0.1492	0.8179
Score	91.4040	60.8487	53.6815	87.5017

进一步由基于指标均值的敏感性检验(sensitivity test)可以看出，能源综合环境成本(ENCOST)主要受经济发展规模(ECONI)影响，受能源综合经济收益(ECGAIN)影响次之；植被环境消耗(GREEN)主要受经济发展规模(ECONI)影响，受能源综合经济收益(ECGAIN)影响次之；大气环境消耗(AIR)经济发展规模(ECONI)与能源综合经济收益(ECGAIN)影响水平较为相近，受经济发展结构(INDUS)的影响最弱；其他环境消耗(OTHER)主要受经济发展规模(ECONI)影响，受能源综合经济收益(ECGAIN)影响次之。此外，可以看出经济发展结构(INDUS)对综合环境成本(ENCOST)的影响最大，对其他环境资源消耗(OTHER)的影响次之，如图6-5所示。

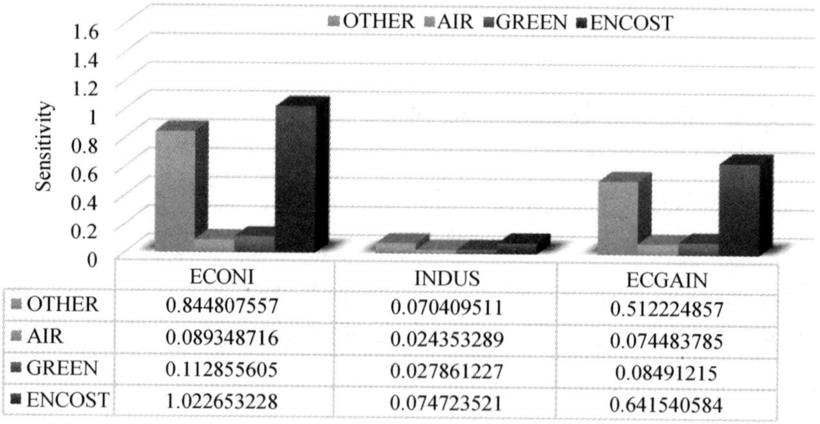

图6-5　神经网络的敏感性检验

进一步由图6-6至图6-8可以看出，各个能源经济收益要素与能源环境消耗要素之间的关系特征。其中经济发展规模(ECONI)对环境消耗的影响为正，即更好的经济发展规模将带来更多的环境消耗，单边际消耗递减，在经过峰值后会保持缓慢增长，甚至下降；经济发展结构(INDUS)对环境消耗各项指标的影响都表现出对称特征，其中综合环境成本(ENCOST)、其他环境消耗(OTHER)、大气环境消耗(AIR)的影响为先升后降，植被环境消耗(GREEN)反之。对比 ECONI 的影响，INDUS 的峰值和转换点更早到来；由于 INDUS 和 ECONI 在影响关系上表现的不一致性，所以能源综合经济收益(ECGAIN)对环境消耗的影响呈现出一定的波动性，总体体现为负相关，即 ECGAIN 上升 ENCOST 及其他环境消耗指标下降。

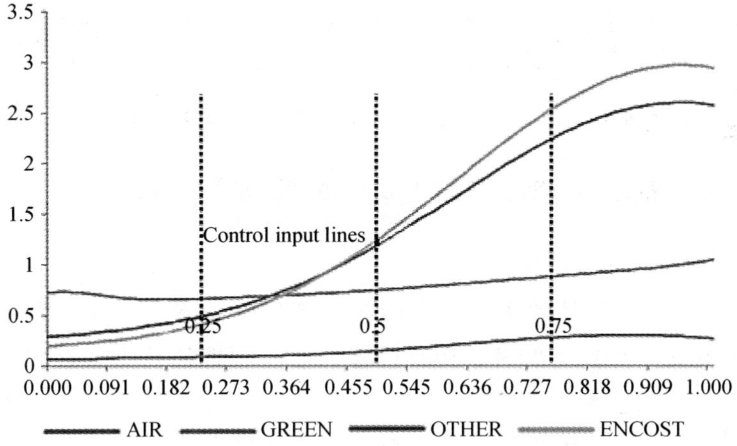

图 6－6　经济发展规模与各能源环境消耗关系模拟

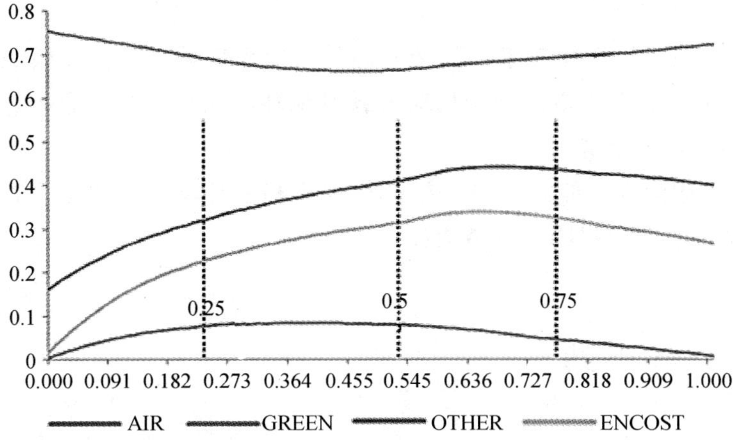

图 6－7　经济发展结构与各能源环境消耗关系模拟

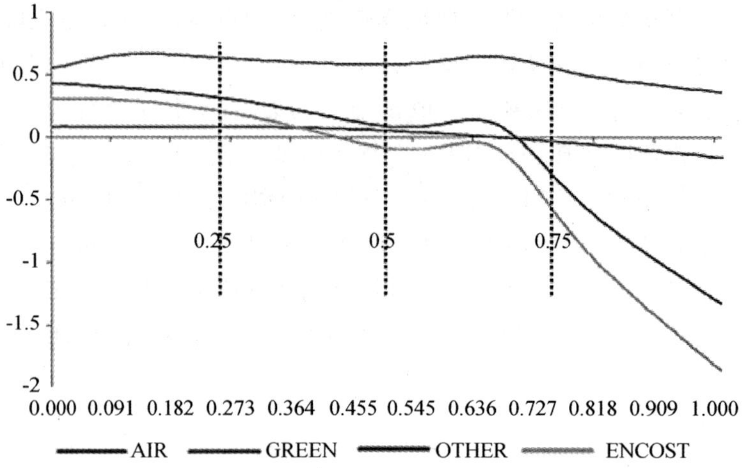

图 6－8　能源综合经济收益与各能源环境消耗关系模拟

6.2.5　能源生态经济效益影响的驱动力分析

综上分析，可以得到：

(1)大气环境消耗效率主要受能源经济规模影响，经济规模越大大气环境消耗越高；而能源经济结构对改善大气环境消耗有积极影响，呈现出先增加后下降的趋势；

(2)植被环境消耗效率主要受能源经济规模影响，经济规模越大植被环境消耗越高；而能源经济结构在前期对植被环境消耗有积极影响，但在后期又表现出负影响；

(3)其他环境消耗效率主要受能源经济规模影响，经济规模越大其他环境消耗越高；而能源经济结构对改善其他环境消耗有积极影响，呈现出先增加后下降的趋势；

(4)总体而言，能源经济规模的增加不利于环境消耗的减少，而能源经济结构的改善可以降低环境消耗。

6.3　本章小结

本章主要利用了 STRIPAT 模型分析了能源生态足迹的驱动力，并进一步解构能源生态足迹，利用 ANN 模拟分析了能源各类生态效益的驱动力。形成的主要结论包括：

(1)能源足迹增长最主要的驱动力来自人口数量以及城市化率，富裕度提供的驱动力相对较小。随着社会的发展，来自富裕度这一因素的驱动力还会有所降低；

(2)技术水平的提高，将会导致能源足迹降低，这种影响作用是比较明显的，不过考虑到能源消耗的反弹效应，该因素最终对能源足迹造成的影响被削弱了；

(3)经济规模的增加不利于能源环境成本的减少，而经济结构的改善可以降低能源环境成本。

第 7 章

能源生态经济效益提升政策研究

前文就能源生态经济效益评价及其驱动因素开展了研究，本章试图对国内外能源生态经济效益提升的政策、途径、经验进行梳理，以期在提出政策建议时，不仅以科学实验为依据，更以现实条件为依据。本章对国内近年来涉及能源可持续发展的重要政策进行细致整理，包括国家、园区、建筑由大到小三个尺度，并紧密的结合最新的“十三五”能源发展规划。同时，重点研究欧洲国家和日本的主要先进经验，以为借鉴。

7.1 我国能源生态经济效益相关标准与政策研究

7.1.1 环保部《生态县、生态市、生态省建设指标》

生态县建设指标：单位 GDP 能耗≤1.2 吨标煤/万元；农村生活用能中新能源所占比例≥30%；秸秆综合利用率 100%；集约化畜禽养殖场粪便综合利用率≥90%；

生态市建设指标：单位 GDP 能耗≤1.4 吨标煤/万元；城市生命线系统完好率≥80%；城市气化率≥90%；城市集中供热率≥50%。

7.1.2 住建部《国家园林城市标准》

第 5 类指标“节能减排”中明确了相关要求：

城市供热计量改革不断获取新的成果，北方各省市供热计量收费率超过了 25%，国家生态园林城市更是超过了 35%。

如今，随着技术的发展和人民环保意识的提高，建筑节能技术在城市建筑建设中逐渐普及开来。在夏热冬冷地区，超过 35% 的建筑应用了此项技术，而在夏热冬暖地区，该技术的应用比例超过了 30%。

7.1.3　生态园区标准

生态工业园区。以综合类生态工业园区指标为例，要求单位工业增加值综合能耗≤0.5 吨标煤/万元，综合能耗弹性系数(园区综合能耗增长率/园区 GDP 增长率)<0.6。

综合性生态园区。各类生态城建设过程中的能源相关指标见表 7-1。

表 7-1　生态城能源相关指标汇总

生态城	能源相关指标	指标值
南京国际服务外包产业园	太阳能光热利用建筑一体化	住宅 100%
	建筑节能	住宅≧65%
		公建≧50%
塘沽、汉沽、大港生态城区	城市集中供热率	90%
	清洁能源占能源消耗总量的比重	15%
武汉绿色 CBD	节能建筑比例	100%
	能耗监测覆盖率	50%
	可再生能源使用比例	2%
天津生态城	市政管网普及率	100%
	可再生能源比例	20%
	单位 GDP 碳排放强度	150 吨-C/百万美元
生态城市指标体系	清洁能源普及率(乡村)	≥60%
	单位 GDP 能耗	≤0.5 吨标煤/万元
	可再生能源所占比重	≥20%
长辛店生态城	减少能源使用(相对于现有的规范)	20%
	可再生能源使用率	>20%
	碳排放减少量	>50%

7.1.4 绿色建筑评价标准

居住建筑节能按照一般项4.2.9：结合本地的气候和资源情况，尽量发挥太阳能、地热能的作用。确保上述两类能源的使用量达到建筑能耗的5%以上。

居住建筑节能按照优选项4.2.11：建筑能耗中超过40%为可再生能源的消耗。

公共建筑节能按照优选项5.2.18：结合本地的气候和资源情况，尽量发挥太阳能、地热能的作用，在热水能耗方面，确保可再生能源用量占比高于10%，或者是建筑用电量的2%或更多是由可再生能源提供的。

7.1.5 国家“十三五”能源规划

“十三五”时期，我国能源消费增长换档减速，保供压力明显缓解，供需相对宽松，能源发展进入新阶段，这一时期我国能源发展围绕以下几点展开：第一，高效智能，着力优化能源系统。统筹规划，集约开发，改进生产方式，引进先进的科学技术，提升能源的使用成效，打造科学的能源发展框架。第二，提倡环保型生产方式，构建节约高效、清洁低碳的社会用能模式。第三，多元发展，推动能源供给革命。推动煤炭等化石能源清洁高效开发利用，同时大力拓展增量，积极发展非化石能源。第四，加大对技术性工程的支持力度，拟定科学的项目规划，积极开展能源技术改革。第五，凸显市场管理效应，实现市场资源的科学化分配，引进优胜劣汰的竞争机制，创建科学的能源市场框架。第六，互利共赢，加强能源国际合作。统筹国内国际两个大局，利用有利的产业优势，提升能源发展和经济发展的一致性，大力开展国际能源合作项目，实现全球能源的有效监管。第七，着力完善用能基础设施，精准实施能源扶贫工程，切实提高能源普遍服务水平，实现全民共享能源福利。

7.1.6 政策资金来源

在推进城镇化和生态文明建设方面，目前最为紧迫的任务就是确定生态文明和城镇化之间的交叉点，并制定易于操作的建设方案。以区域能源为着手点，不断提高城区的智能化、绿色化以及低碳化水平，推动国内开发区工业职能的调整和优化，将其对城市发展的正面影响统一起来。

在建设智能化低碳城市的过程中，为能源系统发展注入一定的动力，制定并实施了很多补贴政策，为区域能源规划战略的执行创造更好的条件。在国内能源发展方面，以工业用能供给为方向的时代已经成为过去，以多能互补的需求为方向的时代已经来临。所以，在开展和研究相关工作的过程中，要将不同的能源整合在一起，采取信息化、清洁能源技术的区域能源规划手段。

表 7-2　我国能源生态经济效益改善资金支持

类别	政策/资金支持	支持单位
智慧低碳城市	低碳省区和低碳城市试点	国家发改委
	碳排放权交易试点	国家发改委
	中国低碳城市发展项目	世界自然基金会(WWF)
	"城市低碳领导力"项目	气候组织
	C40 项目	C40 大城市领导组织
	IBRD 和 IDA 贷款、全球环境基金(GEF)、气候投资资金(CIF)、碳伙伴基金(CPF)、碳融资基金等	世界银行
	中国下一代互联网示范工程(CNGI)	国家发展和改革委
	信息化与工业化融合试点	工业和信息化部、科学技术部、财政部、商务部、国有资产监督管理委员会
	三网融合试点	三网融合试点
能源	国家天然气分布式能源示范项目	国家发改委、财政部、住房和城乡建设部、国家能源局
	电力需求侧管理城市综合试点	财政部、国家发改委
	节能技术改造财政奖励资金	国家发改委、财政部
	节能产品惠民工程	财政部、国家发改委
	合同能源管理财政奖励资金	财政部、国家发改委
	节能项目专项资金	财政部
	可再生能源发展专项资金	财政部
	风力发电设备产业化专项资金	财政部
	金太阳示范工程	财政部
	生物能源和生物化工非粮引导奖励资金	财政部
	中国终端能源效率项目	国家发改委、联合国开发计划署、全球环境基金共同启动

7.2 国外能源生态经济效益改善政策研究

7.2.1 提高能源利用的经济效率

要实现欧盟能源政策的目标，最为可行的途径是提高能源效率，具体如下：

SAVE 是一项新型的节能规划，其管理对象是能源消费，出发点是提升能源的使用成效，该项规划未引进任何技术，如拟定措施、选取信息渠道、开展培训活动、开设示范项目、城市成立能源管理部门等。这一计划的实施，能够促进能源在工业、商业、交通等方面效率的提升，为如何节约能源提供了指导。

SAVE I(1991—1995)的目的是：其一，抑制二氧化碳排放量的继续上升；其二，完成欧盟在 1986 年所拟定的能源管理任务，即到 1995 年，使能源效率的上浮比例提升至 20%。SAVE 颁布了一些较为完善的管理政策：①创建并执行了建筑物能源认证系统；②规定了供暖、空调、热水资源的收费标准；③加大公共行业能源效率提升方面的投资；④及时对建筑物隔热技术进行更新；⑤按照一定的周期，对功率超过 15000W 的暖气设备进行全方面的检查；⑥制定并实施工业企业能源审计措施。在该计划的影响下，欧盟针对传统的建筑用能标准进行了更新，对建筑物、冷/热系统、照明系统的能耗进行规定，而且制定了建筑物能源认证体系；拟定各种耗能设备的能源标识制度，和设备生产厂家达成协议，对居家和办公用到的各种耗能设备的待机能耗，比如电视机、洗衣机、冰箱等实施能源效率标识。

1998—2002 年，SAVE II 计划开始执行，该计划对能源标识制度进行了再次重申，为建筑和交通行业的示范项目提供资金支持。为了提高各地区能源管理质量，该计划还对 31 个新创建的能源组织实施投资。2003 年，SAVE 与聪明能源计划实施合并。在此之前的 10 年间，能源效率按照

0.6% 年均增长速度不断攀升。SAVE 计划在彼此预计，在 2010 年之前，此项计划的执行会将能源效率的年均增长幅度提升至 1%，届时每年欧盟地区的能耗将会降低 18%，实现能源节约目标的 2/3，而且还能够降低每年 CO_2 排放量 2 亿吨。

另外，欧盟还制定并实施了 THERMIE 计划，此项计划旨在推进能源技术的创新和发展，通过技术的革新，达成以下目的：①在确保消费者能够接受的价格水平上，实现能源的长期稳定供给；②将能源消耗量控制在更低范围内；③减轻能源生产和使用对环境造成的负面影响；④为能源行业奠定更扎实的技术基础。

THERMIE 计划的实施经历了两个阶段：

第一阶段：1990—1994 年。在这一阶段中，欧盟为 726 个应用节能技术以及在排放量方面表现突出的能源项目提供了 5.74 亿欧元的资金支持，这些项目主要来自这些方面：①能源浪费率低，具体来说有建筑领域、工业领域、能源领域等；②从可再生能源层面分析，包含了这几方面，即太阳能、地热能、风能、不超过 1 万 W 的小水电；③化石能源（FF）：a. 固体燃料项目数量为 28，主要指针对煤资源的清洁技术；b. 烃类燃料 167 个项目，主要涉及石油、天然气等。第一阶段 THERMIE 计划的执行带来了很好的效果，每年二氧化碳、二氧化硫、氮氧化物排放量因此降低 1200 万吨 7.5 万吨和 3 万吨，节约能耗相当于 300 万吨石油。

第二阶段：1995—1998 年，欧盟为这一阶段的工作准备了 5.77 亿欧元的资金，重点为应用节能技术或有效控制污染物排放量的能源技术的示范项目提供资金支持。另外欧盟还倡导企业加强经验、信息以及技术方面的交流。为了确保第二阶段计划目的的实现，采取的措施有：需求管理、提高能源效率、停止对环境具有负面影响的能源活动的资金支持、将环保理念灌输给企业等。

热电联产 CHP 技术的应用，不但能够提高能效、降低能量浪费，而且还能保护环境。为了更好地发挥此项技术的优势性作用，欧盟制定了热电装置容量的阶段性目标，截至 2010 年，总容量为 1350 亿瓦，到 2030 年，增加到 1950 亿瓦，总发电量的比例为 20%，热电发电规划的推进，显著减少了二氧化碳的污染量。据估计，到 2010 年和 2020 年，能够将二氧化碳排放量降低 1.27 亿吨和 2.68 亿吨。为实现《京都议定书》中欧盟制定的降低温室气体8%排放量的目标的实现提供了更有力的保障。能源效率的提高，无论是从经济还是环境角度来看，都有着巨大的效益。从供需层面来看，提高能源效率就是实施更为严格的“需求”管理。

7.2.2 优先发展可再生能源

欧盟制定并推行能源政策最重要的目标之一就是加大可再生能源的应用。用可再生能源在更大程度上取代化石能源，不但能够降低温室气体排放量，而且能够缓解国家的能源供需问题，为国家能源安全提供更有力的保障。而从长远层面考虑，可再生能源的竞争优势是比较强的，它是地方性能源，部分传统能源难以达到的贫困地区，可再生能源对其经济发展、民生改善来说有着更大的意义，这也是欧盟如此关注可再生能源的主要原因。如今，欧盟每年消耗的能源中，可再生能源的占比只有6%。欧盟可再生能源白皮书对此类能源的战略进行了布置，并且拟定了具体的行动方案，将12%确定为可再生能源在总能源消耗中的占比作为目标，同时要将可再生能源消耗比例增加至电力资源的22%，到2050年，力求使可再生资源在能源输出总量中所占的比值达到50%。在过去的几年间，为了全面可再生能源的使用成效，欧盟做出了重大举措，如起飞运动和ALTENER计划。

可再生能源起飞运动，这一运动在四个领域保持着领先优势：

(1)太阳能。在太阳能应用方面，欧盟制定了两项目标：①力求使光电系统数量达到100万；②力求使太阳能集热器面积达到1500万平方米。热力太阳能采暖技术已十分成熟，预计到2020年集热器将达到1亿平方米；

(2)风能。风力涡轮发电机提供1万兆瓦电能。风能方面的目标和措施有：①实现风力涡轮发电机的私营经营；②具有商业用途、装机容量不超过5GW小风机园；③具有商业用途、装机容量超过5GW大风机园；④电力公司建设5GW-100GW的风机园；⑤创建特殊市场。在开展这一项目的过程中，针对总容量为50GW新风力电机的研究和开发方面投入更多的精力和资源。风能是最典型的绿色能源。欧盟计划到2010年，实现大自然风能25%的利用率；

(3)生物质能，这种能源能够结合具体的需求，在生产电力、热、碳氢燃料并能储存的情况下，有着广泛的用途。生物质能能够为热、电力、交通领域提供能源满足。整体而言，这一运动的实施，所节省的能源折合为标准石油量 1450 万吨，包含这几方面：①确保生物质能热电联供设施达到 1 万兆瓦；②用生物质能为家庭取暖服务，覆盖 100 万户住宅；③确保生物沼气装置达到 1000 兆瓦；④确保液体生物燃料达到 500 万吨。按照欧盟设定的 2010 年规划目标，实现市场用途的生物质能比例将提升至 16%；

(4)将 100 个社区的可再生能源整合在一起。将可再生能源引入到这些社区中，尝试分散能源供给模式的应用。

“聪明能源计划”，在此项计划中，欧盟针对环境和能源制定的目标有：降低二氧化碳排放量；2010 年总能耗中可再生能源占比 12%；在保障国内能源需求得到满足的前提下，降低能源进口量；积极开发并利用新能源，为能源安全提供更有力的保障。这一计划明确提到了生物燃料，2005 年实现燃料总销售 2% 为生物燃料的目标，到 2010 年提高到 5.57%，到 2020 年，确保生物燃料在汽车能源方面占比为 20%。

除了太阳能、地热能、风能、小水电之外，欧盟的相关计划还提到了海洋能和核能。不过由于核能的安全隐患可能会造成非常严重的环境污染，欧盟并不鼓励核能的发展和利用，已经利用核能的成员国可以继续使用。欧盟条约为环保保护制定了“高水平的环境保护”原则，这一原则为核能退出能源市场提供了指导。

7.2.3　加强能源活动环境影响控制

欧盟指出实行可持续发展的核心在于将环保的目的与目标融入各机政府机构制定的措施中，就是实现保持管理成效和环境治理的一致性。将环境保护融入能源发展规划中，实现能源开发和环境保护的匹配性，在不破坏环境的基础上实现能源发展。1999 年欧盟建立了首个能源同环境相协调的规划，之后又发起了一系列的将环境融进到能源政策的议题，具体包含下述方面：可再生电力能源、生物燃料能源、能源利用效能行动规划、降低电力和天然气市场的限入门槛、反击气候改变计划、热电联产计划、提升建筑领域的能源效能计划等。

气候改变融入能源政策的制定范围。《京都议定书》指出，2008—2012年，欧盟地区排放的温室气体要在1990年的基础上下降8%，主要是减少二氧化碳的排放。2000年，欧盟开始执行气候改变框架计划(ECCP)，其核心是能源。气候改变成为拟定能源政策的重要参考，为遵守以上规定，欧盟对能源政策实施了改进，改善了能源生产和使用途径，提升人们对能源的应用效能；加大能源治理，发展含碳量少或不含碳的燃料；经过对能源展开整合的种种举措，如利用对能源进行管理与节省能源来令能源的强度得以减少；SAVE与ALTENER等提升能源效能与可再生能源的举措都是完成上述要求的方式；推行排放贸易，2005年始，电力工业等机构经明确二氧化碳的排放额度，每超过1吨将给予40欧元的处罚，2008年，该数值增加至100欧元，且打算在将甲烷等污染气体添加进去。

在能源生产到应用整个链条中将环境要素考虑进去。西欧海洋特别是北海，拥有规模巨大的初级油气资源，可在开采之后怎样处置废除的设备是一大问题。1995年，英国某家企业计划对巴伦支海上的某个石油储存设施做出沉进北海深水区域的处置，受到欧洲人民的普遍指责。最终这家企业被迫改变计划，对此设备做了拆除，将其主体构件移送到挪威一座码头并投入使用，欧盟认为这一举措的科学性较高，在1998年，提出了一项议案，主要关于废除海面油气设备的处理办法，规定欧洲区域600余个油气设施的处理要最大限度的减少对海洋环境的污染量，提升生态资源的使用成效。

原油输送产生的海洋污染量较大，关于这点，欧盟拟定了专门的处理措施。此外，燃气污染也对生态环境造成威胁。2001年，欧盟拟定了专项的控制大型燃烧设施向大气中释放污染废气的命令，要求物流何种燃料，只要是通过燃料的氧化作用转变为热能的设施(大于50MW)，都必须设置硫化物、二氧化硫、氮氧化物和粉尘的排放标准，且规定新建设备必须具备相应的许可证。

7.2.4 税收政策与机制创新

倡导能源税。欧盟委员会早在1997年就建立了同能源税相关的架构，为的是构建一个完善的能源商品税收体系，优化内部市场的职责，激励有助于环保的做法与推动要素劳动力的更广泛应用。2003 年，欧盟又对其做了修订。欧盟各国按照此架构在最大程度规避增大整体税负的状况下，针对能源商品进行征税。为实现整体税负收支平衡的战略目标，其将降低劳动成本的投资比例，该框架制定了详细的能源征税标准，涉及的商品种类比较丰富，如汽油、柴油、煤油灯，且针对商品的环保效应实施了减免税收的优惠。欧盟利用这一方式对能够再生的洁净型能源、危害程度低的能源、生态安全性高的运输途径等给予奖励。

日本在财政、税务等方面建立政策来鼓励应用低碳、节能、环保的能源。2000 年，日本用于节能科技开发的资金高达 6.22 亿元，高居世界能源机构组成国第一位。在“新阳光计划”中，日本每年用于开发应用再生能源的资金高达 570 亿日元。日本能源厅每年在节能减排方面的投入高于其预算的 2/5。2001 年，其在新能源与节能方面的投入高达 520 亿日元，而本年度其预算金额为 1300 亿日元。2009 年，日本又对环境能源科技开发实行独立核算，预算金额高达 100 亿日元，之中在太阳能发电科技开发方面的预算投入就高达 35 亿日元。在 2010 年中的预算中，日本又将低碳科技加入其中，在这方面的预算投入高达 25 亿日元。

为普及节能减排科技的利用，日本从许多方面给予了补贴，激励人们使用节能减排科技商品。日本能源厅将其专门用于节能减排方面的 1/2 以上的预算利用补贴的方式发放给那些购买节能商品的群众和公司。为普及新能源汽车，政府给予购买这类汽车的人们一定补贴。日本经济产业省每年花费 380 亿日元用于对使用家用节能热水器的家庭和对楼宇新能源管理系统进行补贴。同时，政府对家庭以及中小型公司利用太阳能进行发电也给予补助。对废旧物品回收利用设施开发与制造公司，政府提供的补助高达开发与制造成本的 1/2，采购这些设施也能够获得将近 1/3 的补贴。如此一来就大大减少了顾客购买和公司制造的费用，使人们利用节能减排新商品的热情大大提高，也提高了他们主动减排的自主性。

税收的杠杆作用同样是日本政府调整能源消费的一大手段。2009 年，该国开始实施“绿色税制”。凡是选购新型环保车辆的消费者，不管是企业或个人都无需缴纳购置税以及其他附加税。企业在采购用以回收利用资源的设备时，能够享受减免固定资产税与所得税的优惠。企业选购废纸脱墨、玻璃杂物去除设备，能够获得固定资产退税的优惠。企业选购废旧塑料再生设备，不仅能够获得一般退税优惠，也能获得特殊的退税优惠，大都以设备总价的14%为退税标准。为吸引更多中小企业积极参与到环境保护工作当中，该国政府不仅减少对这些企业法人税的征纳，同时调整为18%的税率进行征纳。

本着“取之于能源，用之于能源”的原则，日本政府于2007年增加了碳税的征纳。该税种的设置极具针对性，重点目的就在于减少碳排量，实现能源消费结构的优化。所有消费一次化石能源的企业或个人都必须缴纳碳税。该税种贯穿了化石能源消费产业链的始末，一般按照每吨碳排量2400日元的标准进行征纳。日本环境省统计结果显示，以2007年能源定价为运算标准，居民家用汽油与水电消费课税前后是9.3%与9.5%，平均下来，每个家庭每月多了177日元的开支。若把征收的所有碳税用在能源补贴上面，则平均每年能减少510万吨碳排量。

制度创新。欧盟进一步推动了能源领域的市场化，正式将电力与天然气纳入市场竞争之中，自2004年开始，消费者被赋予自由选择电力资源和天然气资源供应渠道的权限，为清洁能源的发展提供广阔的发展空间，欧盟的观点是，可持续发展这一战略目标，仅仅依靠某个机构或某个主体根本无法实现，任何一个利益相关者都应该承担起共同的责任，不仅涉及联盟、成员国和地方，而且也涉及地区政府、商业机构和企业，甚至每一个消费者，因而欧盟奉行责任分担原则。每级管理都应参与到可持续能源政策的设定和落实当中，而且在能源的管理和服务方面，地方和地区当局占据着主导地位。在落实可持续能源政策时，通常实行多层治理机制，其中政府扮演着带头人的角色，非政府组织、企业和消费者都必须积极参与其中，缺一不可。欧盟充分展现市场的作用，实行多层治理机制，使可再生能源政策更具机制能力，进一步提升了其可持续能源政策的落实效率，其能源效率在发达国家地区中也独占鳌头。

实施环保积分制度。日本环境省从2008年开始实行环保积分活动，也就是国民选购环保产品之后，能够获得相应的积分，所获的积分能够用以采购各类商品。伴随这一活动的推广，开始蔓延至各行各业，能源消费、公害治理、3R以及生态保护等都被纳入其中。自2012年开始，民间团体与企业逐渐取代政府成为环保积分活动的主体，他们承担起大部分的管理与出资责任，伴随活动的全面推广，环保积分机制逐步构建起来。这一机制使国民备受鼓舞，他们开始积极主动地参与到低碳社会的构建之中，创造了不容小觑的经济与社会效益。最具代表性的就是家电行业，从推出这一活动之后，节能环保型家电获得了更多消费者的青睐，促动了企业产品的推新换代，促进了日本构建低碳社会的进程。

7.3　本章小结

创建健全的能源框架是提升能源使用成效的前提，也是实现能源、生态环境和经济共同发展的可靠保障，进一步开发太阳能等可再生能源，提升天然气资源的使用效率，采取先进的能源使用技术，制定科学的能源管理政策，是缓解能源矛盾的有效途径与必由之路。而改进生产方式，提升能源的使用成效则是实现节能减排的最佳选择。所以，必须实现政策鼓励和有效管理的双向控制，此外，公权力作为一项重要的影响成因，有助于提升能源控制的合法性，进而为能源管理工作提供扎实的法律保障。

第 8 章

研究结论与展望

8.1 主要结论

1. 在能源生态经济效益管理中要发挥管理五大职能

能源生态经济效益的管理即从计划、组织、领导、控制、创新五个方面保障能源消费过程中的生态经济效益最大化；①计划：制定能源生态经济效益最大化目标；②组织：架构合理的能源环境效益管理结构；③领导：设计有效的能源环境效益激励机制；④控制：辨识能源环境效益的驱动力及风险；⑤创新：探索能源生态经济效益提升新路径。

2. 当前我国的能源—环境—经济管理组织薄弱、制度缺失

当前我国的能源生态经济效益并没有专门的部门管理，环保部负责能源生产过程中的污染排放，而能耗及能源经济效率则没有专门部门分管，仅由发改委提出能耗减排要求，地方能源部门落实。这就造成管理无规范标准、无明确分工，无清晰途径，无固定抓手。而作为能源系统中最重要的能源生产企业往往是央企巨头，无论是其管理体系，还是资源优势，以至于行政级别都让其能源环境管理者难以有效开展工作。

3. 能源生态赤字不断扩大，但能源效率不断增高

第 3 章的实证结果显示：全国各省份人均可再生能源承载力数值是

5.34 公顷/人，人均能源消费生态足迹数值是 13.58 公顷/人，生态盈余数值是 -8.24 公顷/人，全国各省平均可持续发展指数为 0.75。从 2006 年到 2012 年，能源生态赤字呈不断扩大趋势。从 2006—2012 年，国家能源效率显著提升，东部区域尤为明显，居民生活能源消费的发展规律是从东部到西部逐渐减少，自然环境与经济发展所产生的影响是不可忽视的。GDP 总量和能源消耗能值线性相关。随着人均 GDP 增加，能源消耗总能值呈现倒“U”形，单位 GDP 消耗能源能值下降，居民生活能源能值消耗上升。总体上看我国经济发展依赖能源消耗，但随着经济发展，能源消费效率逐步提高，居民生活能源消费所占的比例逐步增大。此外，第 5 章的研究结果也支撑该观点。高产高耗高效类、中产中耗高效类城市的比重由 4% 上升为 25%，低产低耗中效类、低产低耗低效类的城市比重从 38% 下降到 29%。可以看出近 10 年间，我国能源生态经济效益总体水平不断改善。

4. 能源经济效益空间不均衡，单位投资能耗东低西高

第 4 章的研究结果认为：各区域的经济—能源效应总量的排序与区域经济体量的大小是一致的；各区域所诱发的效应总量相当一部分外溢到其他区域，其中外溢到表外区域的比例较大；能源效率方面，京津、东部沿海、南部沿海承接的经济拉动效应的能耗强度最低，而西北区域承接的经济拉动效应的能耗强度最大，即质量最低。这些研究结果表明，区域投资政策的制定要充分考虑经济拉动作用的外溢性和能源环境负效应。此外，第 5 章的研究结论也支持该观点，认为各地能源生态经济效率进一步提高，效率偏高地区超过了一多半，且集中在东南部沿海和中东部地区。但是，东北部地区有一部分由效率中等偏高地区降为了较低地区。除了部分东北部地区能源生态经济效率有所下降外，大部分地区的效率都呈上升趋势。并且，通过空间自相关分析，认为其空间相关性在不同区域也体现出不同特征，如中南大部分地区生态效率与效益呈显著空间负相关性，该区域能源生态经济效率与效益存在显著异质性，而其他地方此特征并不明显。

5. 经济规模、经济结构、社会发展、各类资源消耗表现出不同驱动特征

第 5 章的研究反映出，近 10 年间，我国能源生态经济效率不断上升，主要是因为对能源环境消耗的良好控制。在经济规模逐年提升和经济结构波动下滑的共同影响下，近年的综合经济效益稳步上升。经济规模和经济结构是影响能源生态经济效率的主要因子；而大气消耗、植被消耗、其他消耗是影响能源生态经济效益的主要因子。进一步，在第6章的ANN分析中得出：能源经济规模的增加不利于环境消耗的减少，而能源经济结构的改善可以降低环境消耗。并且第6章的驱动力分析结果进一步说明能源足迹增长最主要的驱动力来自人口数量以及城市化率，富裕度提供的驱动力相对较小。随着社会的发展，来自富裕度这一因素的驱动力还会有所降低。而技术水平的提高，将会导致能源足迹降低，这种影响作用是比较明显的，不过考虑到能源消耗的反弹效应，该因素最终对能源足迹造成的影响被削弱了。

8.2 政策建议

1. 加大节能推广落地，减少能源消费的生态足迹

强化节能宣传工作，普及节能商品，做到全民节能。

发达国家在节能方面非常注意培养人们的节能思想，普及节能商品。可是，国内人民对节能方面的政策知道的很少，节能思想也不足。为培养人们的节能思想，应重点围绕下述几点进行工作：

(1)以当代多样化的宣传媒介为手段，提升人们的节能思想。政府必须要改变理念，提升信息服务观念，构建并健全信息公布与咨询系统，建立便捷、健全、高效的政策、科技与管理信息传送途径；转变服务形式，充分应用电视、报刊、广播、互联网等媒介，进行全面的教育宣传，为群众和公司带来先进的科技与管理知识；通过“节能月”“节能周”以及“节能日”等多种形式推广节能教育，提高人们的能源忧虑观念，在整个社会上建立节能的热烈氛围。

(2)严格终端耗能商品的市场准入机制，健全能耗标志体系。我国应大力开展终端能耗商品的耗能标志体系的构建与健全公正，严格这些商品的市场准入机制，对能源应用效能低的商品进行严格把控，不允许其在市场上出现；针对能耗标志开展专门的督查；对那些弄虚作假的做法给予严厉惩处。有计划的提升家用电器、汽车等商品的节能要求，促进终端能耗商品的节能科技更新换代。

(3)借助普及节能商品的机会，构建节能商品补助新制度。当前我国已对有些节能商品给予价格补助，可节能商品行业还没有达到良性发展，节能商品的售价要较相同的普通商品高得多，政府应当从资本支持、税收优惠、商品研发等多个方面增大对节能商品制造公司的支持力度，推出对应的帮扶政策与鼓励办法，或对节能商品实行全面的价格补助，最后让人们普遍选择购买节能商品。

注重节能政策地区化差别，适时调节政策，提高节能政策的标准。《中华人民共和国节约能源法》第十四条指出，政府标准化管理机构有权建立有关节能方面的国标，对不存在国标的，国务院相关机构能够建立行业标准，并未给各地方政府依据本地现实状况，建立节能地方标准以一定空间。中国幅员辽阔，各种能源分布不均衡，应该准许地区节能机构依据各地实情来建立较国标和行业标准更为严格的地方性标准，降低因为节能标准一致所造成的区域间的节能成效差别，防范节能政策发生失效。另外，应加速节能相关法律制度建设，激励各地政府制定同本地相适应的地区法律。在这一点上，中国在环保方面的做法是其他法律法规应当学习的，《中华人民共和国环境保护法》第二章第十五条即针对国标、行标做了要求，还指出地方能够按照本地实际建立标准高于国家的地方性标准。

建立激励与财税政策，增强以市场手段与经济规律为基础的长效调控体制。建立同市场相适应的节能政策，通过利用激励、监管、刚性指标考评等办法来确保这些政策得以真正落实；健全有助于节能的政策，建立激励在生产上应用节能节水商品的财税优惠政策，以及激励发展节能节地的建筑优惠政策；建立激励油耗小、排量小的汽车优惠政策；调节高耗能商品的对外贸易政策；大力探讨财税机制变革，适时征收燃油税，健全消费税制度；增强公共财政对于政府节省能源与政府部门对于节能改造的支撑力度；逐渐拓展节能节水商品实行政府采购的范畴；在理清当前收费与资金收入源头的前提下，制定健全的资源利用和自然生态补偿制度，充分应用财税的杠杆作用来实现对能源消耗形式和构成的调节。除此之外，节能任务还必须要有市场的培育与检验，要大力支持能源服务行业，将政府同市场两者进行有机结合，形成强大合力，根据市场运行规律来开展好节能工作，可采用能源服务公司等方式来推动国内节能行业的壮大。

2. 严守投资环保门槛，平衡能源经济效益与环境成本

积极贯彻招商引资的环境准入负面清单措施，制定严格的扩建产业准入规定，拟定规范的行业名录。凡是不符合标准的项目，均不予批准立项，也无权获得融资资金，更不具备办理手续的条件。

考虑制定能效准入机制，提升投资层次。把能源消耗指标当作项目准入的强制性条件，在源头上管控高耗能项目，特别是对钢材、建筑材料、纺织、化工以及发电等能源消耗巨大的产业要建立能效准入规范，提高准入门槛，对达不到要求的项目一律禁止建筑，以此来做好新上项目的节能工作。其次，制定有效的退出制度，有计划地去除落后产能。构建完善的标准，构建落后产能的淘汰制度，主要做好两方面工作：一是通过政府财政补助的方式构建去除落后产能的补助制度；二是通过经济方式，提升能源商品的售价，利用市场来实现对落后产能的淘汰，如此既不会对政府财政造成负担，也有助于达成节省能源的效果。要针对能源消耗大的小公司总量大、构成调节工作艰难等问题的现实状况，建立一系列切实可行的法律与实行细则。

制定具有针对性的环境监管措施，强化对污染排放项目的监管。具体的规定是，工业企业要按照规定关停搬迁；在特定区域内无权建造高污染燃料的设备，具体包含大型城市、郊区建制镇、市级以上开发区、工业集中区等，控制在城市清洁保护区内的新区建设项目，控制开发区扩建项目，加大对污染严重项目工程的整治，提升空气质量、保证通风。主要过境流域各类保护区，加大对印染、制革、电镀、造纸等项目的管理，杜绝开展含有害重金属与长期性污染物的项目。

3. 加速产业结构调整，提升能源生态经济效益

充分认清产业构成调整的重大意义，积极做好相关工作。产业构成调整、产业优化升级、产业高层次化是经济发展的必然方向。政府部门要充分认清产业构成调整的重大意义，将科学发展观当作基本指导思想，不要盲目追寻经济增速，要积极研究落实产业构成调整，以此来提升经济运作层次，持续减少能源损耗程度。加速壮大第三产业，加大第三产业所占经济总量比重，以此来实现减少能源损耗的目标。第三产业占比的上升能够有效的减少能源损耗。我国应紧紧把握住制造业迅猛壮大以及全球服务业迅猛转移的历史机遇，制定专门措施，加速第三产业的发展步伐。优先发展同制造业相匹配的物流行业、电子科技、金融商务等服务业；加快发展具有较强关联性和渗透性的信息产业、旅游产业以及文化产业等；利用第三产业的不断壮大，来达成减少能源损耗、节省能源的目标。

国内各省在节省能源方面差异明显，所以在进行产业构成调节时，必须总体考虑各省经济建设的不均衡性，做到经济建设同能源节约相一致。当前，中国中部、西部区域正处于工业化进程的前期、中期，第二产业表现出迅猛发展、占比上升的趋势，随着能源消耗总量的提高，这些地方节能同经济建设两者间的冲突更逐日彰显。与之相较，东南沿海各省以步入工业化历程的后期，其第三产业迅猛提升、占比上升，所以要依据这些省份的经济特征与优势，大力发展第三产业，改进地区产业构成。规模经济对我国能源利用效能具有极大影响，国家应管控投资品质，在淘汰落后工艺的前提下，拓展产业链上下游行业，使区域能够达到规模经济，减少能源损耗。

4. 完善资源环境交易制度，改进能源环境监管体系

要拟定科学的节能环保措施，创建健全的法律管理系统，大力开展能源节约型项目。此外，合理利用市场管理的优势，制定资源开发与生态补偿措施，立足于公正的角度对资源产品进行定位，使产品价格和市场需求保持一致，且确保价格能将资源紧缺与环境污染的现状体现出来。现如今，资源使用权是经过部门审批获得的，尚未创建完善的资源使用权交易体系，使得对资源价格的定位偏低，也使三高企业的经济效应明显提升。因此，必须制定科学的资源使用权交易措施，凸显市场的管理效应，加大对三高企业的管理力度。

这里要强调的是，环境产品的属性是公共性，政府具有极高的管理权，既负责拟定管理措施，也负责资源分配。现如今，国内环境治理投资途径有两种，第一种是政府参与投资创建治理设备；第二种是政府监管，企业参与的设备投资。从资源分配层面看，这种投资途径的成效性不是很明显。为了提升资源的使用成效，可采取两种投资途径相结合的途径，采用政府投资与民间投资互相融合的方式，创建大型废物排放处置系统，建成后将更大规模的废物引入该系统加以处理，并计量收费。这一举措的进步性就体现在，既能节省投资成本，又能实现环保资源的科学化分配；此外，计量收费的交易方式有助于使环境投资的效益性得以充分体现。可是，对于废气污染则要另行处理。

8.3 研究展望

1. 开展能源生态经济效益各方主体之间的博弈分析

本书深入分析了能源生态经济效益的驱动力，但还没有讨论驱动力之间的耦合关系，如果进一步深入研究这些耦合关系，就会将此关系中的利益相关方清晰刻画出，据此可以构建博弈分析模型。通过多主体效用最大化函数，及各种约束函数来实现这些关系的博弈模拟，并由此得出能源生态经济效益的最优解是否存在？如果存在，那么就可以进一步预测当前的利益相关方未来发展趋势如何；如果不存在，就可以研究如何改进博弈参数和效用函数从而实现最优解，而这种调整正是管理机制设计的数理科学基础。

2. 增加能源生态经济效益驱动力的数据指标

受制于数据可获得性的限制，本书的数理研究所涉及的驱动力方面有限，在后续的研究工作中可以从以下三个方面进一步丰富数据来源：首先，拉长研究的时间跨度。诸如投入产出表、森林覆盖率等指标都是5年统计一次，只有通过更长时间跨度的研究才能发现其变动的特征及影响原因。其次，扩展数据收集方法。借助大数据方法从网络、媒体、企业等多渠道收集数据，如手机LBS基站信号数据可以用来反演出人口的分布，进而获取更精确的人口数据和人居服务行业数据。最后，还可以通过细化研究对象，来横向增加数据量，丰富研究角度。如可以针对工业行业开展能耗水平研究，当前的统计年鉴对制造业的统计数据十分详细，又如可以针对生态系统服务功能开展研究，探索能源消耗主要带来的生态系统服务功能影响。

3. 推进能源—环境—经济的系统动力学模拟与预测

复杂关系的模拟与预测一直是复杂系统研究领域的难题，在能源生态经济效益关系研究中也是如此。本书的模拟研究仅仅是利用人工神经网络的模糊分析与“黑箱”模拟手段的数据关系刻画，在模拟过程中没有突出事物之间的因果关系。因此，后续基于因果关系的数据模拟将具有更大的实用意义，能够为预测和决策提供更坚实的技术支撑。笔者对此后续研究有以下设想：首先，在本书驱动力因果关系的基础上利用系统动力学的方法和技术(Vensim)构建系统因果结构模型，并利用已经进行的敏感性分析参数进行模型的参数初始化；进而，用该模型进行模拟检验与原 ANN 模型进行结果比对，如果误差超过设定阈值则参数无效，重新进行 ANN 模拟和敏感性分析；在此情景下最终获得一个符合数理误差要求，又兼顾因果关系的可用于预测模型。

参考文献

[1]A. Maddison. Measuring the economic performance of transition economies: some lessons from Chinese experience[J]. Review of Income and Wealth, 2009, 187(10): 423 -441.

[2]B. Cai and L. Zhang. Urban CO_2 emissions in China: Spatial boundary and performance comparison[J]. Energy Policy, 2014, 25(12): 557 -567.

[3] Bicknell, K. B., Ball, R. J., Cullen, R., Bigsby, H. R. New methodology for the ecological footprint with an application to the New Zealand economy[J]. Ecological economics, 1998(27): 149 -160.

[4]C. J. Pettit. Use of a collaborative GIS - based planning - support system to assist in formulating a sustainable - development scenario for Hervey Bay [J]. Australia, Environment and Planning B: planning and design, 2005, 45 (7): 523 -545.

[5]David W. Pearce and T. Kerry. Economics of Natural Resources and the Environment[M]. London: Harvester Wheatsheaf, 1990: 35 -41.

[6]D. Bosseboeuf, F. ADEME, H. Božić, B. Vuk, D. Novosel, M. Keco. Monitoring Energy Efficiency in the EU -27 the ODYSSEE - MURE Project, in 17. FORUM: EUROPA, HRVATSKA I REGIJA 2030. GODINE 17th FORUM: EUROPE, REGION AND CROATIA IN 2030, 2008, 128(9): 281 -308.

[7]Department of Energy and Climate change. UK Energy Sector Indicators. 2012[EB/OL]. 2012.

[8]D. Gallego Carrera and A. Mack. Quantification of social indicators for the assessment of energy system related effects, 2009.

[9] D. Tyteca. On the Measurement of the Environmental Performance of Firms— A Literature Review and a Productive Efficiency Perspective[J]. Journal of Environmental Management, 1996, 35(9): 281 -308.

[10]Howard Thomas Odum. Environment and Society in Florida[M]. Colorado Springs: Lewis Publishers, 1988

[11]Howard Thomas Odum. Environment Accounting: Energy and Environmental Decision Making[M]. Hoboken: Wiley, 1996.

[12]Howard Thomas Odum. Energy Basis for Man and Nature[M]. Taipei: Mcgraw - Hill College, 1981.

[13]H. T. Odum and E. C. Odum. Energy analysis overview of nations, 1983.

[14]IAEA. Energy indicators for sustainable development: guideline and methodologies[EB/OL]. Vienna: IAEA, 2005.

[15]J. D. Khazzoom. Energy savings from more efficient appliances: a rejoinder[J]. The Energy Journal, 1989, 67(10): 157 -166.

[16]K. Feng, K. Hubacek, L. Sun, and Z. Liu. Consumption - based CO_2 accounting of China's megacities: The case of Beijing, Tianjin, Shanghai and Chongqing[J]. Ecological Indicators, 2014, 185(6): 26 -31.

[17]L. Sveikauskas. The Productivity of Cities[J]. The Quarterly Journal of Economics, 1975, 162(8): 393 -413.

[18]M. Chabrol. Re - examining historical energy transitions and urban systems in Europe[J]. Energy Research & Social Science, 2016, 132(2): 194 - 201(4).

[19]M. J. Farrell. The Measurement of Productive Efficiency[J]. Journal of the Royal Statistical Society. Series A(General), 1957, 68(9): 253 -290.

[20]M. G. Patterson. What is energy efficiency? Concepts, indicators and methodological issues[J]. Energy policy, 1996, 43(8): 377 -390.

[21]M. V. F. Pereira and L. M. V. G. Pinto. Multi - stage stochastic optimization applied to energy planning[J]. Mathematical Programming, 1991 (9): 359 -375.

[22]M. Wackernagel, W. Rees. Our ecological footprint: reducing human impact on the earth[M]. New Society Publishers, 1998.

[23]P. Renshaw. Was there a Keynesian Economy in the USA between 1933 and 1945? [J]. Journal of Contemporary History, 1999, 186(4): 337 -3649.

[24]R. Färe, S. Grosskopf, and D. Tyteca. An activity analysis model of the environmental performance of firms—application to fossil - fuel - fired electric utilities[J]. Ecological Economics, 1996, 188(4): 161 -175.

[25]Sherry Brandt - Williams. Handbook of emergy evaluation: a compendium of data for emergy computation issued in a series of Folios. Energy of Florida Agriculture[M]. Center for Environmental Policy Environmental Engineering Sciences, 2001.

[26]V. Devadas. Planning for rural energy system: part I[J]. Renewable and Sustainable Energy Reviews, 2001, 45(5): 203 -226.

[27]W. E. Rees. Ecological footprints and appropriated carrying capacity: what urban economics leaves out[J]. Environment and urbanization, 1992, 112(4): 121 -130(5).

[28]毕宏杰，冯玉广．城市能源—经济—环境系统的 Brusselator 模型[J]．系统科学学报，2013，21(4)：93 -96.

[29]陈成忠，林振山．生态足迹模型的争论与发展[J]．生态学报，2008(12)：6252 -6263.

[30]陈春锋，王宏燕，肖笃宁．基于传统生态足迹方法和能值生态足迹方法的黑龙江省可持续发展状态比较[J]．应用生态学报，2008(19)：2544 -2549.

[31]陈关聚．中国制造业全要素能源效率及影响因素研究——基于面板数据的随机前沿分析[J]．中国软科学，2014(1)：180 -192.

[32]陈海燕，蔡嗣经，郑明贵．中国能源可持续发展的遗传神经网络评价[J]．太阳能学报，2010，7(6)：1220 -1224.

[33]陈清泰．经济转型和产业升级不可逆转[N]．上海证券报，2013 -11 -5，A01.

[34]陈武，李云峰．我国能源可持续发展的探讨[J]．能源技术经济，2010(5)：17 -23

[35]迟春洁，黎永亮．能源安全影响因素及测度指标体系的初步研究[J]．哈尔滨工业大学学报(社会科学版)，2004，6(4)：80 -84.

[36]丁永霞．我国居民生活能源消费时空变化分析[D]．兰州大学，2011.

[37]董秀成．能源管理体制呼唤集中统一[J]．农村工作通讯，2007，(3)：58－58.

[38]范岩．能源可持续发展伦理研究[D]．成都理工大学，2007.

[39]付峰，张鹤丹．中国城市能源安全指标体系研究[J]．中国能源，2006，28(4)：39－43.

[40]付林，郑忠海．基于动态和空间分布的城市能源规划方法[A]．全球化时代的城市发展与规划理论建设论文集，2008：146－149.

[41]关华．能源—经济—环境系统协调可持续发展研究[D]．天津大学，2012.

[42]关华，赵黎明．低碳经济下能源—经济—环境系统分析与调控[J]．河北经贸大学学报，2013(5)：84－89.

[43]关伟，许淑婷．中国能源生态效率的空间格局与空间效应[J]．地理学报，2015(6)：980－992.

[44]郭意，阮伟军，郭功军，谢成明．生态与经济协调发展的鄱阳湖生态经济区节能减排研究[J]．科技广场，2013(3)：222－225.

[45]韩宝龙．地理与认知邻近对高技术产业集群创新影响的实证研究[D]．湖南大学，2011.

[46]韩立红．河北省能源结构分析[J]．河北经贸大学学报，2010(3)：64－68.

[47]韩勇．市(地)级土地利用总体规划实施体系研究[D]．华中农业大学，2005.

[48]郝增财．能源消费总量、强度与环境污染——基于空间面板计量模型[D]．云南财经大学，2014.

[49]洪棉棉．基于能值分析的生态足迹模型的改进及实证应用[D]．福建师范大学，2009.

[50]胡爱莲，李爱仙，陈海红．GB/T2589—2008 综合能耗计算通则[M]．北京：中国标准出版社，2008.

[51]胡绍雨．我国能源、经济与环境协调发展分析[J]．技术经济与管理研究，2013(4)：78－82.

[52]华红莲，潘玉君．可持续发展评价方法评述[J]．云南师范大学学报(自然科学版)，2005(3)：65－70.

[53]华志芹，温作民．基于能源生态足迹的森林碳汇影子价格研究[J]．林业经济，2013(10)：44－47.

[54]吉平，周孝信，宋云亭，马世英，李柏青．区域可再生能源规划模型述评与展望[J]．电网技术2013(8)：2071－2079.

[55]金丹，卞正富．基于能值的生态足迹模型及其在资源型城市的应用[J]．生态学报，2010(30)：1725－1733.

[56]匡远凤，彭代彦．中国环境生产效率与环境全要素生产率分析[J]．经济研究，2012(6)：62－74.

[57]蓝盛芳，钦佩．生态系统的能值分析[J]．应用生态学报，2001，12(1)：129－131.

[58]黎永亮．基于可持续发展理论的能源资源价值研究[D]．哈尔滨工业大学，2006.

[59]李连德．中国能源供需的系统动力学研究[D]．东北大学，2009.

[60]李梦蕴，谢建国，张二震．中国区域能源效率差异的收敛性分析——基于中国省区面板数据研究[J]．经济科学，2014(1)：23－38.

[61]李婷，王超，张纪．我国能源管理体制改革探讨[J]．天然气技术与经济，2011(5)：8－11.

[62]李晓兰．我国"十二五"能源发展突出七大重点[J]．海洋石油，2010(4)：49－54.

[63]李智，鞠美庭，刘伟，邵超峰．中国1996—2005年能源生态足迹与效率动态测度与分析[J]．资源科学，2007(6)：54－60.

[64]李廉水，周勇．技术进步能提高能源效率吗？——基于中国工业部门的实证检验[J]．管理世界，2006(10)：82－89.

[65]李治，郭菊娥．城市能源效率测度方法与评价研究[J]．生态经济，2015，31(9)：23－27.

[66]李郇，徐现祥，陈浩辉．20世纪90年代中国城市效率的时空变化[J]．地理学报，2005(12)：615－625.

[67]刘东刚．中国能源监管体制改革研究[D]．中国政法大学，2011.

[68]刘惠敏．能源消耗、环保投资与生态足迹的灰色系统分析[J]．中

国人口．资源与环境，2012(11)：157 -164.

[69]刘佳骏，董锁成，李宇．产业结构对区域能源效率贡献的空间分析——以中国大陆 31 省（市、自治区）为例[J]．自然资源学报，2011(12)：1999 -2011.

[70]刘金朋．基于资源与环境约束的中国能源供需格局发展研究[D]．华北电力大学，2013.

[71]刘立平，李开勤．农村能源发展规划模型[J]．华中理工大学学报，1989(7)：35 -42.

[72]刘立涛，沈镭．中国能源分区情景分析及可持续发展功能定位[J]．自然资源学报，2011(9)：1484 -1495.

[73]刘进科．中国能源经济可持续发展研究[D]．内蒙古科技大学，2013.

[74]刘森，胡远满，常禹．基于能值理论的生态足迹方法改进[J]．自然资源学报，2008(23)：447 -457.

[75]刘伟明，唐东波．环境规制、技术效率和全要素生产率增长[J]．产业经济研究，2012(3)：28 -35.

[76]龙惟定．建筑能耗比例与建筑节能目标[J]．中国能源，2005(10)：23 -27

[77]罗光华，牛叔文，赵春升，张玉娟．中国居民直接生活能源消费结构的演变规律[J]．经济问题探索，2010(7)：40 -44.

[78]罗乐勤．浅析中国能源安全[J]．统计与预测，2003(12)：16 -19.

[79]马进．基于能值分析的西宁市 2001—2011 年生态足迹研究[D]．青海师范大学，2013.

[80]苗韧，王凌霏，吴頔，胡秀莲，周伏秋．中国能 2011 源可持续发展评价指标体系构建与初步评价[J]．中国能源，2012(3)：22 -27.

[81]苗韧，周伏秋，胡秀莲，冯升波，吴頔，贾茹．中国能源可持续发展综合评价研究[J]．中国软科学，2013(4)：17 -25.

[82]裴雪，侯淑涛，谢英楠，米蜜，郭思娇．哈尔滨市农业生态系统能值分析[J]．水土保持研究，2013(7)：220 -223.

[83]裴雪．基于能值分析的哈尔滨农业生态系统评价[D]．东北农业大学，2013.

[84]彭元洪．关于恩施州转变发展方式的思考[J]．清江论坛，2010(2)：43－45.

[85]钱爱菊．我国能源管理体制的法律构建[D]．山东大学，2010.

[86]秦翊．中国居民生活能源消费研究[D]．山西财经大学，2013.

[87]沈镭，刘立涛．中国能源政策可持续性评价与发展路径选择[J]．资源科学，2012(8)：1264－1271.

[88]沈镭，刘立涛．中国能源可持续发展区域差异及其因素分析[J]．中国人口资源与环境2010(1)：17－24.

[89]沈清基．中国城市能源可持续发展研究：一种城市规划的视角[J]．城市规划学刊，2005(6)：41－47.

[90]史丹，吴利学，傅晓霞，吴滨．中国能源效率地区差异及其成因研究——基于随机前沿生产函数的方差分解[J]．管理世界，2008(2)：35－43.

[91]宋杰鲲，陆悠悠，李婷婷，赵美多．山东省能源经济环境系统目标规划模型[J]．干旱区资源与环境，2013(8)：21－25.

[92]孙传旺，朱悉婷．新常态下中国化石能源生态价值与代际补偿核算[J]．统计研究，2016(5)：60－68.

[93]孙广生，杨先明，黄祎．中国工业行业的能源效率(1987—2005)——变化趋势、节能潜力与影响因素研究[J]．中国软科学，2011(11)：29－39.

[94]孙天晴，郑一，王昊，吴晓磊．中国城市能源系统可持续性评价体系实证[J]．中国人口资源与环境2010(5)：1－6.

[95]谭德明，何红渠．基于能值生态足迹的中国能源消费可持续性评价[J]．经济地理，2011(8)：176－182.

[96]谭忠富，张金良．中国能源效率与其影响因素的动态关系研究[J]．中国人口资源与环境，2010(4)：43－49.

[97]谭宇，石智雷，王前进．能源约束下城市空间发展模式选择[J]．湖北民族学院学报，2011(3)：83－88.

[98]佟庆，白泉，刘滨，吕应运．MARKAL模型在北京中远期能源发展研究中的应用[J]．中国能源，2004(2)：37－41.

[99]万丹，李方，郭芯，马秀颖．我国投资环境评价与分析[A]．2015年(第四届)全国大学生统计建模大赛．北京，2015.

[100]吴利学．中国能源效率波动：理论解释、数值模拟及政策含义[J]．经济研究，2009(5)：130－142.

[101]杨红亮，史丹．能效研究方法和中国各地区能源效率的比较[J]．经济理论与经济管理，2008(3)：12－20.

[102]杨沫，陈凯．河北省能源经济可持续发展评价及对策研究[J]．技术经济，2011(4)：64－68.

[103]汪克亮，杨宝臣，杨力．考虑环境效应的中国省际全要素能源效率研究[J]．管理科学，2010(6)：100－111.

[104]王宝林，王义芳，李夏苗．铁路客运专线公司组织结构的设计[J]．铁道标准设计，2007(4)：7－10.

[105]王栋．基于能值分析的区域海洋环境经济系统可持续发展评价研究[D]．中国海洋大学，2009.

[106]王铳．中国区域环境效率与环境全要素生产率增长[J]．科技传播，2014(9)：132－138.

[107]王岚．中美能源管理体制比较研究[D]．华东政法大学，2009.

[108]王丽丽．浙江能源——经济——环境协调发展研究[D]．浙江理工大学，2010.

[109]王群伟，周德群，沈璇，张力菠．我国全要素能源效率的测度与分析[J]．管理评论，2010(10)：37－43.

[110]王哲，王伯荣．中新生态城城市管理服务中心改造[J]．动感(生态城市与绿色建筑)，2010(10)：98－107.

[111]王强，樊杰，伍世代．1990—2009年中国区域能源效率时空分异特征与成因[J]．地理研究，2014(1)：43－56.

[112]王强，郑颖，伍世代，李婷婷．能源效率对产业结构及能源消费结构演变的响应[J]．地理学报，2009(6)：741－749.

[113]王兆华，杨琳．基于生态足迹的我国居民间接能源消费研究[J]．科研管理，2014(10)：128－135.

[114]王志理，庄亚儿，姚亮．中国区域最终需求及出口活动的就业拉动作用研究[J]．人口学刊，2015(6)：103－110.

[115]王仲瑀．黑龙江省能源可持续发展研究[D]．东北林业大学，2007.

[116]魏一鸣，廖华．能源效率的七类测度指标及其测度方法[J]．中国软科学，2010(10)：128－137.

[117]魏楚．中国能源效率问题研究[D]．浙江大学，2009.

[118]吴巧生，成金华．中国能源消耗强度变动及因素分解：1980—2004[J]．经济理论与经济管理，2006(5)：34－40.

[119]肖仁俊，董志，李秀婷，董纪昌．新疆能源可持续发展的系统动力学模型与分析[J]．管理评论，2014(8)：31－41.

[120]肖主安，陆根法．欧盟可持续能源政策及其对中国的启示[J]．环境保护，2005(1)：68－73.

[121]谢秋菊，廖小青，卢冰．国内外潮汐能利用综述[J]．水利科技与经济，2009(15)：670－671.

[122]徐桂芬，张勇．可持续发展理念下城市能源评价指标体系构建——以北京市为例[J]．资源与产业，2011(5)：5－9.

[123]徐盈之，管建伟．中国区域能源效率趋同性研究：基于空间经济学视角[J]．财经研究，2011(1)：112－123.

[124]薛桁，朱瑞兆．中国风能资源贮量估算[J]．太阳能学报，2001(22)：167－170.

[125]薛晓娇，李新春．中国能源生态足迹与能源生态补偿的测度[J]．技术经济与管理研究，2011(1)：90－93.

[126]杨宏林．能源经济系统能源开发、配置及能源约束下经济增长的研究[D]．江苏大学，2007.

[127]杨沫，陈凯．河北省能源经济可持续发展评价及对策研究[J]．技术经济，2011，30(4)：64－68.

[128]杨足膺，赵媛，付伍明．基于弹性系数的江苏省能源生态足迹影响因素分析[J]．生态学报 2010(24)：6741－6748.

[129]严刚，杨金田．城市能源利用与环境保护的综合管理初探[J]．环境污染与防治，2011(10)：789－792.

[130]姚亮，刘晶茹，王如松，尹科．基于多区域投入产出(MRIO)的中国区域居民消费碳足迹分析[J]．环境科学学报，2013(7)：2050－2058.

[131]余岳峰，胡建一，章树荣，罗永浩．上海能源系统 MARKAL 模型与情景分析[J]．上海交通大学学报，2008(7)：360－369.

[132]袁欢．基于能值理论和生态足迹模型的区域可持续发展研究[D]．西南大学，2011.

[133]袁晓玲，屈小娥．中国地区能源消费差异及影响因素分析[J]．商业经济与管理，2009(4)：58－64.

[134]袁晓玲，张宝山，杨万平．基于环境污染的中国全要素能源效率研究[J]．中国工业经济，2009(2)：76－86.

[135]衣跷珺，王鹏，李少武．我国经济发展方式转变的难点与对策[J]．华商，2008(15)：33－32.

[136]曾智泽．战略性新兴产业2012年上半年发展形势及下半年趋势——基于对7个省市调研情况的分析[J]．中国经贸导刊，2012(10)：29－31.

[137]张安鹏．中国能源可持续发展综合评价研究[J]．化工设计通讯，2016(3)：207－208.

[138]张瑞星．安徽省科技中介服务业发展及对策[D]．合肥工业学，2012.

[139]张芳怡，濮励杰，张健．基于能值分析理论的生态足迹模型及应用——以江苏省为例[J]．自然资源学报，2006(4)：653－660.

[140]张海云．山东省能源—经济—环境协调发展SD建模与仿真研究[J]．中国石油大学学报(社会科学版)，2013(2)：5－9.

[141]张恒义，刘卫东，林育欣．基于改进生态足迹模型的浙江省域生态足迹分析[J]．生态学报，2009(29)：2738－2748.

[142]张静，鲁春霞，谢高地，陈文辉，胡绪千．北京城市能源消费的生态与环境压力研究[J]．资源科学，2015(6)：1133－1140.

[143]张磊，鞠美庭，刘沁哲．天津市能源消费的能值生态足迹与能源管理[J]．安全与环境学报，2011(11)：142－147.

[144]张麟，刘光中，王绥，颜科琦．城市系统效率的差异及对我国城市化进程的影响[J]．软科学，2001(5)：65－67.

[145]张清华，韩梅，杨利民．1949—2008年吉林省乾安县能值生态足迹的动态研究[J]．西北农林科技大学学报(自然科学版)，2012(5)：173－185.

[146]赵媛，郝丽莎，杨足膺．江苏省能源效率空间分异特征与成因

分析[J]. 地理学报，2010(8)：919－928.

[147]赵国杰．经济社会可持续发展研究的新探索[J]. 经济与管理，2014(3)：96－102.

[148]赵雪雁，刘霜，赵海莉．基于能值分析理论的生态足迹在区域可持续发展评价中的应用——以甘肃省为例[J]. 干旱区研究，2011(3)：524－531.

[149]赵运林，傅晓华，黄田，邱国潮．论战略性生态资源[J]. 湖南城市学院学报，2011(7)：5－39.

[150]郑博福，邓红兵，严岩．我国未来能源消费及其对环境的影响分析[J]. 环境科学，2005(26)：1－6.

[151]郑伟．基于GA－LSVR的能源可持续发展指标体系评价方法研究[D]. 华东理工大学，2014.

[152]钟世名．基于能值—生态足迹理论的生态经济系统评价[D]. 吉林大学，2013.

[153]朱式光．单核心城市中心区更新模式研究——以济南市为例[D]. 山东师范大学，2003.

[154]邹艳芬．中国能源生态足迹效率估计[J]. 中国矿业，2009(8)：57－59.

[155]邹艳芬．中国能源生态足迹的技术进步影响实证分析[J]. 资源科学2010(7)：1280－1288.

[156]申振东．贵州能源评价体系构建研究[J]. 科技进步与对策，2008(3)：142－143.

[157]向铮，刘希玉，肖丁丁．我国能源可持续发展现状初步评价及指标应用[J]. 山东社会科学，2016(2)：168－173.

[158]邓伟根，刘萱芝．基于循环经济视角的我国能源可持续发展能力评价[J]. 现代管理科学，2012(11)：23－25，31.

[159]张少华，蒋伟杰．能源效率测度方法：演变、争议与未来[J]. 数量经济技术经济研究，2016，33(7)：3－24.

[160]张志辉．中国区域能源效率演变及其影响因素[J]. 数量经济技术经济研究，2015，32(8)：73－88.

附　表

附表 1　　　　　　　历年各省市年末人口数据(万人)

地　区	2006	2007	2008	2009	2010	2011	2012
北　京	1601	1676	1771	1860	1961.9	2018.6	2069.3
天　津	1075	1115	1176	1228.2	1299.3	1355	1413.2
河　北	6898	6943	6989	7034.4	7193.6	7240.5	7287.5
山　西	3375	3393	3411	3427.4	3574.1	3593	3610.8
内蒙古	2415.1	2428.8	2444.3	2458.2	2472.2	2481.7	2489.9
辽　宁	4271	4298	4315	4341	4374.9	4383	4389
吉　林	2723	2730	2734	2739.6	2746.6	2749.4	2750.4
黑龙江	3823	3824	3825	3826	3833.4	3834	3834
上　海	1964.1	2063.6	2140.7	2210.3	2302.7	2347.5	2380.4
江　苏	7656	7723	7762	7810	7869.3	7898.8	7920
浙　江	5071.8	5154.9	5212.4	5275.5	5446.5	5463	5477
安　徽	6110	6118	6135	6131	5956.7	5968	5988
福　建	3584.5	3611.6	3638.8	3665.9	3693	3720	3748
江　西	4339.1	4368	4400	4432.2	4462.2	4488.4	4503.9
山　东	9309	9367	9417	9470.3	9587.9	9637	9685
河　南	9392	9360	9429	9487	9405.5	9388	9406
湖　北	5693	5699	5711	5720	5727.9	5757.5	5779
湖　南	6342	6355	6380	6406	6570.1	6595.6	6638.9
广　东	9442	9660	9893	10130	10441	10505	10594
广　西	4719	4768	4816	4856	4610	4645	4682

续表

地　区	2006	2007	2008	2009	2010	2011	2012
海　南	836	845	854	864.07	868.55	877.34	886.55
重　庆	2808	2816	2839	2859	2884.6	2919	2945
四　川	8169	8127	8138	8185	8044.9	8050	8076.2
贵　州	3690	3632	3596	3537	3478.9	3468.7	3484.1
云　南	4483	4514	4543	4571	4601.6	4630.8	4659
陕　西	3699.3	3708.4	3717.6	3726.7	3735.2	3742.6	3753.1
甘　肃	2546.8	2548.2	2550.9	2554.9	2560	2564.2	2577.6
青　海	548	552	554	557.3	563.47	568.17	573.17
宁　夏	604	610	618	625.2	632.96	639.45	647.19
新　疆	2050	2095	2131	2158.6	2185.1	2208.7	2232.8

附表 2　　　　历年各省市能源生态足迹(4－1)

年份	省份	太阳辐射能值 sej	降雨化学能能值	河水势能能值	河水化学能能值
2006	北京	8.25E+19	1.16E+21	4.95E+19	1.03E+20
2006	天津	5.94E+19	8.58E+20	2.81E+18	1.01E+20
2006	河北	9.35E+20	1.23E+22	1.77E+21	6.45E+20
2006	山西	7.86E+20	1.15E+22	6.46E+21	8.21E+20
2006	内蒙古	6.83E+21	3.96E+22	4.29E+22	4.51E+21
2006	辽宁	7.04E+20	1.34E+22	3.89E+21	3.58E+21
2006	吉林	9.20E+20	1.65E+22	9.92E+21	4.57E+21
2006	黑龙江	2.13E+21	3.66E+22	2.70E+22	9.22E+21
2006	上海	2.67E+19	1.07E+21	1.96E+19	4.23E+20
2006	江苏	4.86E+20	1.60E+22	6.48E+20	4.82E+21
2006	浙江	4.51E+20	2.46E+22	2.56E+21	1.36E+22
2006	安徽	6.13E+20	2.29E+22	1.91E+21	8.16E+21
2006	福建	5.54E+20	4.09E+22	1.28E+22	2.48E+22
2006	江西	7.31E+20	4.33E+22	9.69E+21	2.47E+22
2006	山东	7.69E+20	1.37E+22	1.92E+21	1.68E+21
2006	河南	7.76E+20	1.82E+22	2.83E+21	3.28E+21
2006	湖北	7.84E+20	2.66E+22	4.02E+21	9.32E+21
2006	湖南	8.07E+20	4.87E+22	2.26E+22	2.70E+22

续表

年份	省份	太阳辐射能值 sej	降雨化学能能值	河水势能能值	河水化学能能值
2006	广东	8.51E+20	5.77E+22	4.23E+21	3.38E+22
2006	广西	1.06E+21	5.57E+22	3.88E+22	2.88E+22
2006	海南	2.04E+20	7.94E+21	3.84E+21	3.45E+21
2006	重庆	2.78E+20	1.18E+22	2.16E+22	5.82E+21
2006	四川	2.34E+21	6.18E+22	2.93E+23	2.85E+22
2006	贵州	7.12E+20	2.75E+22	1.11E+23	1.25E+22
2006	云南	2.19E+21	6.49E+22	4.20E+23	2.62E+22
2006	西藏	9.07E+21	1.03E+23	2.34E+24	6.37E+22
2006	陕西	9.53E+20	1.89E+22	2.30E+22	3.77E+21
2006	甘肃	2.73E+21	1.66E+22	3.48E+22	2.70E+21
2006	青海	4.68E+21	3.16E+22	1.77E+23	8.44E+21
2006	宁夏	3.81E+20	1.98E+21	1.34E+21	1.26E+20
2006	新疆	9.25E+21	4.31E+22	8.37E+22	1.38E+22
2007	北京	8.25E+19	1.29E+21	5.62E+19	1.16E+20
2007	天津	5.94E+19	9.40E+20	3.20E+18	1.15E+20
2007	河北	9.35E+20	1.33E+22	1.64E+21	5.97E+20
2007	山西	7.86E+20	1.34E+22	7.87E+21	1.00E+21
2007	内蒙古	6.83E+21	3.65E+22	2.67E+22	2.80E+21
2007	辽宁	7.04E+20	1.45E+22	3.85E+21	3.55E+21
2007	吉林	9.20E+20	1.58E+22	1.00E+22	4.62E+21
2007	黑龙江	2.13E+21	2.99E+22	1.68E+22	5.73E+21
2007	上海	2.67E+19	1.13E+21	1.99E+19	4.29E+20
2007	江苏	4.86E+20	1.71E+22	8.15E+20	6.06E+21
2007	浙江	4.51E+20	2.51E+22	2.52E+21	1.34E+22
2007	安徽	6.13E+20	2.52E+22	2.39E+21	1.02E+22
2007	福建	5.54E+20	2.96E+22	8.45E+21	1.64E+22
2007	江西	7.31E+20	3.34E+22	6.58E+21	1.68E+22
2007	山东	7.69E+20	1.87E+22	4.92E+21	4.29E+21
2007	河南	7.76E+20	2.01E+22	4.61E+21	5.34E+21
2007	湖北	7.84E+20	3.39E+22	6.50E+21	1.51E+22
2007	湖南	8.07E+20	4.13E+22	1.82E+22	2.17E+22

续表

年份	省份	太阳辐射能值 sej	降雨化学能能值	河水势能能值	河水化学能能值
2007	广东	8.51E+20	4.29E+22	3.02E+21	2.41E+22
2007	广西	1.06E+21	4.84E+22	2.86E+22	2.12E+22
2007	海南	2.04E+20	8.89E+21	4.78E+21	4.30E+21
2007	重庆	2.78E+20	1.61E+22	3.77E+22	1.02E+22
2007	四川	2.34E+21	6.85E+22	3.61E+23	3.52E+22
2007	贵州	7.12E+20	3.15E+22	1.43E+23	1.62E+22
2007	云南	2.19E+21	7.63E+22	5.54E+23	3.45E+22
2007	西藏	9.07E+21	1.05E+23	2.43E+24	6.62E+22
2007	陕西	9.53E+20	2.21E+22	3.26E+22	5.35E+21
2007	甘肃	2.73E+21	2.06E+22	4.32E+22	3.36E+21
2007	青海	4.68E+21	3.52E+22	2.07E+23	9.86E+21
2007	宁夏	3.81E+20	2.39E+21	1.27E+21	1.19E+20
2007	新疆	9.25E+21	4.03E+22	7.57E+22	1.25E+22
2008	北京	8.25E+19	1.61E+21	9.46E+19	1.96E+20
2008	天津	5.94E+19	1.18E+21	5.80E+18	2.08E+20
2008	河北	9.35E+20	1.61E+22	2.63E+21	9.56E+20
2008	山西	7.86E+20	1.12E+22	6.18E+21	7.86E+20
2008	内蒙古	6.83E+21	4.94E+22	4.01E+22	4.21E+21
2008	辽宁	7.04E+20	1.39E+22	3.77E+21	3.47E+21
2008	吉林	9.20E+20	1.71E+22	9.19E+21	4.24E+21
2008	黑龙江	2.13E+21	3.32E+22	1.53E+22	5.24E+21
2008	上海	2.67E+19	1.21E+21	2.13E+19	4.59E+20
2008	江苏	4.86E+20	1.56E+22	5.79E+20	4.30E+21
2008	浙江	4.51E+20	2.43E+22	2.42E+21	1.29E+22
2008	安徽	6.13E+20	2.46E+22	2.34E+21	9.98E+21
2008	福建	5.54E+20	3.05E+22	8.17E+21	1.59E+22
2008	江西	7.31E+20	3.95E+22	8.03E+21	2.05E+22
2008	山东	7.69E+20	1.72E+22	4.02E+21	3.51E+21
2008	河南	7.76E+20	1.88E+22	3.42E+21	3.97E+21
2008	湖北	7.84E+20	3.48E+22	6.63E+21	1.54E+22
2008	湖南	8.07E+20	4.56E+22	2.04E+22	2.44E+22

续表

年份	省份	太阳辐射能值 sej	降雨化学能能值	河水势能能值	河水化学能能值
2008	广东	8.51E+20	5.86E+22	4.22E+21	3.36E+22
2008	广西	1.06E+21	6.56E+22	4.70E+22	3.50E+22
2008	海南	2.04E+20	1.10E+22	7.06E+21	6.34E+21
2008	重庆	2.78E+20	1.51E+22	3.28E+22	8.83E+21
2008	四川	2.34E+21	7.14E+22	3.91E+23	3.81E+22
2008	贵州	7.12E+20	3.44E+22	1.55E+23	1.75E+22
2008	云南	2.19E+21	7.88E+22	5.68E+23	3.54E+22
2008	西藏	9.07E+21	1.14E+23	2.56E+24	6.98E+22
2008	陕西	9.53E+20	1.88E+22	2.66E+22	4.36E+21
2008	甘肃	2.73E+21	1.68E+22	3.53E+22	2.75E+21
2008	青海	4.68E+21	3.57E+22	2.06E+23	9.80E+21
2008	宁夏	3.81E+20	2.00E+21	1.08E+21	1.01E+20
2008	新疆	9.25E+21	3.72E+22	7.16E+22	1.18E+22
2009	北京	8.25E+19	1.14E+21	5.02E+19	1.04E+20
2009	天津	5.94E+19	1.11E+21	4.52E+18	1.62E+20
2009	河北	9.35E+20	1.34E+22	2.00E+21	7.27E+20
2009	山西	7.86E+20	1.20E+22	5.75E+21	7.30E+20
2009	内蒙古	6.83E+21	4.13E+22	3.84E+22	4.03E+21
2009	辽宁	7.04E+20	1.24E+22	2.29E+21	2.11E+21
2009	吉林	9.20E+20	1.60E+22	8.40E+21	3.87E+21
2009	黑龙江	2.13E+21	4.39E+22	3.79E+22	1.29E+22
2009	上海	2.67E+19	1.29E+21	2.46E+19	5.30E+20
2009	江苏	4.86E+20	1.62E+22	6.30E+20	4.69E+21
2009	浙江	4.51E+20	2.55E+22	2.64E+21	1.40E+22
2009	安徽	6.13E+20	2.57E+22	2.46E+21	1.05E+22
2009	福建	5.54E+20	2.74E+22	6.31E+21	1.22E+22
2009	江西	7.31E+20	3.59E+22	6.89E+21	1.75E+22
2009	山东	7.69E+20	1.67E+22	3.05E+21	2.66E+21
2009	河南	7.76E+20	1.93E+22	2.75E+21	3.19E+21
2009	湖北	7.84E+20	3.06E+22	5.25E+21	1.22E+22
2009	湖南	8.07E+20	4.10E+22	1.78E+22	2.13E+22

续表

年份	省份	太阳辐射能值 sej	降雨化学能能值	河水势能能值	河水化学能能值
2009	广东	8.51E+20	4.33E+22	3.08E+21	2.46E+22
2009	广西	1.06E+21	4.72E+22	3.06E+22	2.27E+22
2009	海南	2.04E+20	1.20E+22	8.09E+21	7.27E+21
2009	重庆	2.78E+20	1.31E+22	2.59E+22	6.98E+21
2009	四川	2.34E+21	6.73E+22	3.66E+23	3.57E+22
2009	贵州	7.12E+20	2.58E+22	1.24E+23	1.39E+22
2009	云南	2.19E+21	5.70E+22	3.87E+23	2.41E+22
2009	西藏	9.07E+21	9.92E+22	2.27E+24	6.17E+22
2009	陕西	9.53E+20	2.23E+22	3.68E+22	6.03E+21
2009	甘肃	2.73E+21	1.61E+22	3.98E+22	3.09E+21
2009	青海	4.68E+21	4.12E+22	2.81E+23	1.34E+22
2009	宁夏	3.81E+20	1.88E+21	9.79E+20	9.19E+19
2009	新疆	9.25E+21	3.66E+22	6.61E+22	1.09E+22
2010	北京	8.25E+19	1.33E+21	5.32E+19	1.10E+20
2010	天津	5.94E+19	8.66E+20	2.39E+18	8.58E+19
2010	河北	9.35E+20	1.52E+22	2.38E+21	8.67E+20
2010	山西	7.86E+20	1.16E+22	6.36E+21	8.09E+20
2010	内蒙古	6.83E+21	4.65E+22	3.70E+22	3.88E+21
2010	辽宁	7.04E+20	2.21E+22	9.20E+21	8.48E+21
2010	吉林	9.20E+20	2.31E+22	2.07E+22	9.53E+21
2010	黑龙江	2.13E+21	3.94E+22	3.25E+22	1.11E+22
2010	上海	2.67E+19	1.15E+21	2.20E+19	4.73E+20
2010	江苏	4.86E+20	1.56E+22	6.00E+20	4.46E+21
2010	浙江	4.51E+20	3.24E+22	3.98E+21	2.12E+22
2010	安徽	6.13E+20	2.82E+22	3.14E+21	1.34E+22
2010	福建	5.54E+20	3.99E+22	1.30E+22	2.53E+22
2010	江西	7.31E+20	5.38E+22	1.36E+22	3.45E+22
2010	山东	7.69E+20	1.68E+22	3.49E+21	3.05E+21
2010	河南	7.76E+20	2.15E+22	5.49E+21	6.37E+21
2010	湖北	7.84E+20	3.67E+22	8.19E+21	1.90E+22
2010	湖南	8.07E+20	5.36E+22	2.43E+22	2.91E+22

续表

年份	省份	太阳辐射能值 sej	降雨化学能能值	河水势能能值	河水化学能能值
2010	广东	8.51E+20	5.29E+22	3.82E+21	3.05E+22
2010	广西	1.06E+21	5.78E+22	3.76E+22	2.79E+22
2010	海南	2.04E+20	1.19E+22	8.09E+21	7.26E+21
2010	重庆	2.78E+20	1.35E+22	2.64E+22	7.11E+21
2010	四川	2.34E+21	7.06E+22	4.04E+23	3.94E+22
2010	贵州	7.12E+20	3.01E+22	1.30E+23	1.46E+22
2010	云南	2.19E+21	7.02E+22	4.77E+23	2.97E+22
2010	西藏	9.07E+21	1.12E+23	2.58E+24	7.03E+22
2010	陕西	9.53E+20	2.32E+22	4.50E+22	7.39E+21
2010	甘肃	2.73E+21	1.77E+22	4.07E+22	3.17E+21
2010	青海	4.68E+21	3.79E+22	2.30E+23	1.10E+22
2010	宁夏	3.81E+20	2.35E+21	1.14E+21	1.07E+20
2010	新疆	9.25E+21	5.76E+22	9.74E+22	1.61E+22
2011	北京	8.25E+19	1.40E+21	6.80E+19	1.41E+20
2011	天津	5.94E+19	1.09E+21	4.65E+18	1.67E+20
2011	河北	9.35E+20	1.43E+22	2.94E+21	1.07E+21
2011	山西	7.86E+20	1.45E+22	9.23E+21	1.17E+21
2011	内蒙古	6.83E+21	4.24E+22	4.35E+22	4.57E+21
2011	辽宁	7.04E+20	1.34E+22	4.33E+21	3.99E+21
2011	吉林	9.20E+20	1.45E+22	8.74E+21	4.03E+21
2011	黑龙江	2.13E+21	3.20E+22	2.30E+22	7.85E+21
2011	上海	2.67E+19	8.66E+20	1.15E+19	2.48E+20
2011	江苏	4.86E+20	1.59E+22	8.22E+20	6.11E+21
2011	浙江	4.51E+20	2.27E+22	2.11E+21	1.12E+22
2011	安徽	6.13E+20	2.29E+22	1.95E+21	8.33E+21
2011	福建	5.54E+20	2.60E+22	6.10E+21	1.18E+22
2011	江西	7.31E+20	3.36E+22	6.13E+21	1.56E+22
2011	山东	7.69E+20	1.81E+22	4.17E+21	3.64E+21
2011	河南	7.76E+20	1.88E+22	2.94E+21	3.41E+21
2011	湖北	7.84E+20	2.84E+22	4.79E+21	1.11E+22
2011	湖南	8.07E+20	3.44E+22	1.43E+22	1.72E+22

续表

年份	省份	太阳辐射能值 sej	降雨化学能能值	河水势能能值	河水化学能能值
2011	广东	8.51E+20	4.01E+22	2.80E+21	2.24E+22
2011	广西	1.06E+21	4.64E+22	2.78E+22	2.07E+22
2011	海南	2.04E+20	1.20E+22	8.16E+21	7.33E+21
2011	重庆	2.78E+20	1.39E+22	2.92E+22	7.88E+21
2011	四川	2.34E+21	6.67E+22	3.52E+23	3.43E+22
2011	贵州	7.12E+20	2.24E+22	8.52E+22	9.59E+21
2011	云南	2.19E+21	5.84E+22	3.63E+23	2.27E+22
2011	西藏	9.07E+21	1.09E+23	2.48E+24	6.74E+22
2011	陕西	9.53E+20	2.71E+22	5.37E+22	8.81E+21
2011	甘肃	2.73E+21	1.85E+22	4.59E+22	3.57E+21
2011	青海	4.68E+21	3.74E+22	2.30E+23	1.10E+22
2011	宁夏	3.81E+20	2.27E+21	1.13E+21	1.06E+20
2011	新疆	9.25E+21	4.25E+22	7.79E+22	1.29E+22
2012	北京	8.25E+19	1.80E+21	1.33E+20	2.76E+20
2012	天津	5.94E+19	1.57E+21	1.13E+19	4.06E+20
2012	河北	9.35E+20	1.76E+22	4.96E+21	1.80E+21
2012	山西	7.86E+20	1.23E+22	7.94E+21	1.01E+21
2012	内蒙古	6.83E+21	5.68E+22	5.09E+22	5.35E+21
2012	辽宁	7.04E+20	2.08E+22	8.18E+21	7.54E+21
2012	吉林	9.20E+20	2.14E+22	1.29E+22	5.93E+21
2012	黑龙江	2.13E+21	4.30E+22	3.12E+22	1.07E+22
2012	上海	2.67E+19	1.25E+21	1.95E+19	4.20E+20
2012	江苏	4.86E+20	1.50E+22	5.75E+20	4.27E+21
2012	浙江	4.51E+20	3.35E+22	4.11E+21	2.19E+22
2012	安徽	6.13E+20	2.53E+22	2.30E+21	9.81E+21
2012	福建	5.54E+20	3.93E+22	1.19E+22	2.31E+22
2012	江西	7.31E+20	5.59E+22	1.30E+22	3.30E+22
2012	山东	7.69E+20	1.58E+22	3.20E+21	2.79E+21
2012	河南	7.76E+20	1.55E+22	2.28E+21	2.64E+21
2012	湖北	7.84E+20	3.01E+22	5.18E+21	1.20E+22
2012	湖南	8.07E+20	5.55E+22	2.53E+22	3.03E+22

续表

年份	省份	太阳辐射能值 sej	降雨化学能能值	河水势能能值	河水化学能能值
2012	广东	8.51E+20	5.44E+22	3.87E+21	3.09E+22
2012	广西	1.06E+21	6.12E+22	4.30E+22	3.20E+22
2012	海南	2.04E+20	1.03E+22	6.14E+21	5.52E+21
2012	重庆	2.78E+20	1.38E+22	2.71E+22	7.30E+21
2012	四川	2.34E+21	7.74E+22	4.54E+23	4.43E+22
2012	贵州	7.12E+20	3.05E+22	1.33E+23	1.49E+22
2012	云南	2.19E+21	6.47E+22	4.15E+23	2.59E+22
2012	西藏	9.07E+21	1.03E+23	2.36E+24	6.43E+22
2012	陕西	9.53E+20	2.08E+22	3.44E+22	5.64E+21
2012	甘肃	2.73E+21	1.93E+22	5.10E+22	3.97E+21
2012	青海	4.68E+21	4.11E+22	2.82E+23	1.35E+22
2012	宁夏	3.81E+20	2.72E+21	1.39E+21	1.30E+20
2012	新疆	9.25E+21	4.63E+22	7.89E+22	1.30E+22

附表 3　　历年各省市能值生态足迹(4-2)

年份	省份	潮汐能值(sej)	波浪能值(sej)	洋流能值(sej)	风能能值(sej)
2006	北京	/	/	/	5.35E+16
2006	天津	/	/	/	3.60E+16
2006	河北	5.59E+18	2.64E+16	/	5.98E+17
2006	山西	/	/	/	4.35E+17
2006	内蒙古	/	/	/	6.94E+18
2006	辽宁	4.36E+20	4.68E+16	7.49E+19	6.19E+17
2006	吉林	/	/	/	7.16E+17
2006	黑龙江	/	/	/	1.94E+18
2006	上海	6.07E+20	3.03E+16	2.02E+19	1.54E+16
2006	江苏	1.60E+18	5.35E+16	/	2.51E+17
2006	浙江	7.10E+21	3.77E+17	4.70E+20	1.84E+17
2006	安徽	/	/	/	2.81E+17
2006	福建	7.56E+21	3.11E+17	8.49E+19	1.54E+17
2006	江西	/	/	/	3.29E+17
2006	山东	9.98E+19	2.96E+17	7.80E+19	4.42E+17

续表

年份	省份	潮汐能值(sej)	波浪能值(sej)	洋流能值(sej)	风能能值(sej)
2006	河南	/	/	/	4.13E+17
2006	湖北	/	/	/	2.17E+17
2006	湖南	/	/	/	2.77E+17
2006	广东	4.04E+20	3.19E+17	2.50E+19	2.19E+17
2006	广西	2.96E+20	1.32E+16	1.52E+18	1.89E+17
2006	海南	6.09E+19	1.03E+17	1.87E+19	7.19E+16
2006	重庆	/	/	/	7.15E+16
2006	四川	/	/	/	4.18E+17
2006	贵州	/	/	/	1.13E+17
2006	云南	/	/	/	4.12E+17
2006	西藏	/	/	/	4.59E+18
2006	陕西	/	/	/	2.63E+17
2006	甘肃	/	/	/	1.28E+18
2006	青海	/	/	/	2.72E+18
2006	宁夏	/	/	/	1.67E+17
2006	新疆	/	/	/	3.86E+18
2007	北京	/	/	/	5.35E+16
2007	天津	/	/	/	3.60E+16
2007	河北	5.59E+18	2.64E+16	/	5.98E+17
2007	山西	/	/	/	4.35E+17
2007	内蒙古	/	/	/	6.94E+18
2007	辽宁	4.36E+20	4.68E+16	7.49E+19	6.19E+17
2007	吉林	/	/	/	7.16E+17
2007	黑龙江	/	/	/	1.94E+18
2007	上海	6.07E+20	3.03E+16	2.02E+19	1.54E+16
2007	江苏	1.60E+18	5.35E+16	/	2.51E+17
2007	浙江	7.10E+21	3.77E+17	4.70E+20	1.84E+17
2007	安徽	/	/	/	2.81E+17
2007	福建	7.56E+21	3.11E+17	8.49E+19	1.54E+17
2007	江西	/	/	/	3.29E+17
2007	山东	9.98E+19	2.96E+17	7.80E+19	4.42E+17

续表

年份	省份	潮汐能值(sej)	波浪能值(sej)	洋流能值(sej)	风能能值(sej)
2007	河南	/	/	/	4.13E+17
2007	湖北	/	/	/	2.17E+17
2007	湖南	/	/	/	2.77E+17
2007	广东	4.04E+20	3.19E+17	2.50E+19	2.19E+17
2007	广西	2.96E+20	1.32E+16	1.52E+18	1.89E+17
2007	海南	6.09E+19	1.03E+17	1.87E+19	7.19E+16
2007	重庆	/	/	/	7.15E+16
2007	四川	/	/	/	4.18E+17
2007	贵州	/	/	/	1.13E+17
2007	云南	/	/	/	4.12E+17
2007	西藏	/	/	/	4.59E+18
2007	陕西	/	/	/	2.63E+17
2007	甘肃	/	/	/	1.28E+18
2007	青海	/	/	/	2.72E+18
2007	宁夏	/	/	/	1.67E+17
2007	新疆	/	/	/	3.86E+18
2008	北京	/	/	/	5.35E+16
2008	天津	/	/	/	3.60E+16
2008	河北	5.59E+18	2.64E+16	/	5.98E+17
2008	山西	/	/	/	4.35E+17
2008	内蒙古	/	/	/	6.94E+18
2008	辽宁	4.36E+20	4.68E+16	7.49E+19	6.19E+17
2008	吉林	/	/	/	7.16E+17
2008	黑龙江	/	/	/	1.94E+18
2008	上海	6.07E+20	3.03E+16	2.02E+19	1.54E+16
2008	江苏	1.60E+18	5.35E+16	/	2.51E+17
2008	浙江	7.10E+21	3.77E+17	4.70E+20	1.84E+17
2008	安徽	/	/	/	2.81E+17
2008	福建	7.56E+21	3.11E+17	8.49E+19	1.54E+17
2008	江西	/	/	/	3.29E+17
2008	山东	9.98E+19	2.96E+17	7.80E+19	4.42E+17

续表

年份	省份	潮汐能值(sej)	波浪能值(sej)	洋流能值(sej)	风能能值(sej)
2008	河南	/	/	/	4.13E+17
2008	湖北	/	/	/	2.17E+17
2008	湖南	/	/	/	2.77E+17
2008	广东	4.04E+20	3.19E+17	2.50E+19	2.19E+17
2008	广西	2.96E+20	1.32E+16	1.52E+18	1.89E+17
2008	海南	6.09E+19	1.03E+17	1.87E+19	7.19E+16
2008	重庆	/	/	/	7.15E+16
2008	四川	/	/	/	4.18E+17
2008	贵州	/	/	/	1.13E+17
2008	云南	/	/	/	4.12E+17
2008	西藏	/	/	/	4.59E+18
2008	陕西	/	/	/	2.63E+17
2008	甘肃	/	/	/	1.28E+18
2008	青海	/	/	/	2.72E+18
2008	宁夏	/	/	/	1.67E+17
2008	新疆	/	/	/	3.86E+18
2009	北京	/	/	/	5.35E+16
2009	天津	/	/	/	3.60E+16
2009	河北	5.59E+18	2.64E+16	/	5.98E+17
2009	山西	/	/	/	4.35E+17
2009	内蒙古	/	/	/	6.94E+18
2009	辽宁	4.36E+20	4.68E+16	7.49E+19	6.19E+17
2009	吉林	/	/	/	7.16E+17
2009	黑龙江	/	/	/	1.94E+18
2009	上海	6.07E+20	3.03E+16	2.02E+19	1.54E+16
2009	江苏	1.60E+18	5.35E+16	/	2.51E+17
2009	浙江	7.10E+21	3.77E+17	4.70E+20	1.84E+17
2009	安徽	/	/	/	2.81E+17
2009	福建	7.56E+21	3.11E+17	8.49E+19	1.54E+17
2009	江西	/	/	/	3.29E+17
2009	山东	9.98E+19	2.96E+17	7.80E+19	4.42E+17

续表

年份	省份	潮汐能值(sej)	波浪能值(sej)	洋流能值(sej)	风能能值(sej)
2009	河南	/	/	/	4.13E+17
2009	湖北	/	/	/	2.17E+17
2009	湖南	/	/	/	2.77E+17
2009	广东	4.04E+20	3.19E+17	2.50E+19	2.19E+17
2009	广西	2.96E+20	1.32E+16	1.52E+18	1.89E+17
2009	海南	6.09E+19	1.03E+17	1.87E+19	7.19E+16
2009	重庆	/	/	/	7.15E+16
2009	四川	/	/	/	4.18E+17
2009	贵州	/	/	/	1.13E+17
2009	云南	/	/	/	4.12E+17
2009	西藏	/	/	/	4.59E+18
2009	陕西	/	/	/	2.63E+17
2009	甘肃	/	/	/	1.28E+18
2009	青海	/	/	/	2.72E+18
2009	宁夏	/	/	/	1.67E+17
2009	新疆	/	/	/	3.86E+18
2010	北京	/	/	/	5.35E+16
2010	天津	/	/	/	3.60E+16
2010	河北	5.59E+18	2.64E+16	/	5.98E+17
2010	山西	/	/	/	4.35E+17
2010	内蒙古	/	/	/	6.94E+18
2010	辽宁	4.36E+20	4.68E+16	7.49E+19	6.19E+17
2010	吉林	/	/	/	7.16E+17
2010	黑龙江	/	/	/	1.94E+18
2010	上海	6.07E+20	3.03E+16	2.02E+19	1.54E+16
2010	江苏	1.60E+18	5.35E+16	/	2.51E+17
2010	浙江	7.10E+21	3.77E+17	4.70E+20	1.84E+17
2010	安徽	/	/	/	2.81E+17
2010	福建	7.56E+21	3.11E+17	8.49E+19	1.54E+17
2010	江西	/	/	/	3.29E+17
2010	山东	9.98E+19	2.96E+17	7.80E+19	4.42E+17

续表

年份	省份	潮汐能值(sej)	波浪能值(sej)	洋流能值(sej)	风能能值(sej)
2010	河南	/	/	/	4.13E+17
2010	湖北	/	/	/	2.17E+17
2010	湖南	/	/	/	2.77E+17
2010	广东	4.04E+20	3.19E+17	2.50E+19	2.19E+17
2010	广西	2.96E+20	1.32E+16	1.52E+18	1.89E+17
2010	海南	6.09E+19	1.03E+17	1.87E+19	7.19E+16
2010	重庆	/	/	/	7.15E+16
2010	四川	/	/	/	4.18E+17
2010	贵州	/	/	/	1.13E+17
2010	云南	/	/	/	4.12E+17
2010	西藏	/	/	/	4.59E+18
2010	陕西	/	/	/	2.63E+17
2010	甘肃	/	/	/	1.28E+18
2010	青海	/	/	/	2.72E+18
2010	宁夏	/	/	/	1.67E+17
2010	新疆	/	/	/	3.86E+18
2011	北京	/	/	/	5.35E+16
2011	天津	/	/	/	3.60E+16
2011	河北	5.59E+18	2.64E+16	/	5.98E+17
2011	山西	/	/	/	4.35E+17
2011	内蒙古	/	/	/	6.94E+18
2011	辽宁	4.36E+20	4.68E+16	7.49E+19	6.19E+17
2011	吉林	/	/	/	7.16E+17
2011	黑龙江	/	/	/	1.94E+18
2011	上海	6.07E+20	3.03E+16	2.02E+19	1.54E+16
2011	江苏	1.60E+18	5.35E+16	/	2.51E+17
2011	浙江	7.10E+21	3.77E+17	4.70E+20	1.84E+17
2011	安徽	/	/	/	2.81E+17
2011	福建	7.56E+21	3.11E+17	8.49E+19	1.54E+17
2011	江西	/	/	/	3.29E+17
2011	山东	9.98E+19	2.96E+17	7.80E+19	4.42E+17

续表

年份	省份	潮汐能值(sej)	波浪能值(sej)	洋流能值(sej)	风能能值(sej)
2011	河南	/	/	/	4.13E+17
2011	湖北	/	/	/	2.17E+17
2011	湖南	/	/	/	2.77E+17
2011	广东	4.04E+20	3.19E+17	2.50E+19	2.19E+17
2011	广西	2.96E+20	1.32E+16	1.52E+18	1.89E+17
2011	海南	6.09E+19	1.03E+17	1.87E+19	7.19E+16
2011	重庆	/	/	/	7.15E+16
2011	四川	/	/	/	4.18E+17
2011	贵州	/	/	/	1.13E+17
2011	云南	/	/	/	4.12E+17
2011	西藏	/	/	/	4.59E+18
2011	陕西	/	/	/	2.63E+17
2011	甘肃	/	/	/	1.28E+18
2011	青海	/	/	/	2.72E+18
2011	宁夏	/	/	/	1.67E+17
2011	新疆	/	/	/	3.86E+18
2012	北京	/	/	/	5.35E+16
2012	天津	/	/	/	3.60E+16
2012	河北	5.59E+18	2.64E+16	/	5.98E+17
2012	山西	/	/	/	4.35E+17
2012	内蒙古	/	/	/	6.94E+18
2012	辽宁	4.36E+20	4.68E+16	7.49E+19	6.19E+17
2012	吉林	/	/	/	7.16E+17
2012	黑龙江	/	/	/	1.94E+18
2012	上海	6.07E+20	3.03E+16	2.02E+19	1.54E+16
2012	江苏	1.60E+18	5.35E+16	/	2.51E+17
2012	浙江	7.10E+21	3.77E+17	4.70E+20	1.84E+17
2012	安徽	/	/	/	2.81E+17
2012	福建	7.56E+21	3.11E+17	8.49E+19	1.54E+17
2012	江西	/	/	/	3.29E+17
2012	山东	9.98E+19	2.96E+17	7.80E+19	4.42E+17

续表

年份	省份	潮汐能值(sej)	波浪能值(sej)	洋流能值(sej)	风能能值(sej)
2012	河南	/	/	/	4.13E+17
2012	湖北	/	/	/	2.17E+17
2012	湖南	/	/	/	2.77E+17
2012	广东	4.04E+20	3.19E+17	2.50E+19	2.19E+17
2012	广西	2.96E+20	1.32E+16	1.52E+18	1.89E+17
2012	海南	6.09E+19	1.03E+17	1.87E+19	7.19E+16
2012	重庆	/	/	/	7.15E+16
2012	四川	/	/	/	4.18E+17
2012	贵州	/	/	/	1.13E+17
2012	云南	/	/	/	4.12E+17
2012	西藏	/	/	/	4.59E+18
2012	陕西	/	/	/	2.63E+17
2012	甘肃	/	/	/	1.28E+18
2012	青海	/	/	/	2.72E+18
2012	宁夏	/	/	/	1.67E+17
2012	新疆	/	/	/	3.86E+18

附表 4　　历年各省市能值生态足迹(4-3)

年份	省份	太阳能同源最大能值	地球旋转能值	可再生资源能值	亿元 GDP	sej/RMB
2006	北京	5.35E+16	5.75E+20	5.75E+20	7.87E+03	7.30E+08
2006	天津	3.60E+16	3.86E+20	3.86E+20	4.36E+03	8.87E+08
2006	河北	5.59E+18	6.42E+21	6.42E+21	1.17E+04	5.51E+09
2006	山西	4.35E+17	5.35E+21	5.35E+21	4.75E+03	1.12E+10
2006	内蒙古	6.94E+18	4.05E+22	4.05E+22	4.79E+03	8.45E+10
2006	辽宁	4.36E+20	4.99E+21	5.43E+21	9.25E+03	5.87E+09
2006	吉林	7.16E+17	6.41E+21	6.41E+21	4.28E+03	1.50E+10
2006	黑龙江	1.94E+18	1.56E+22	1.56E+22	6.19E+03	2.51E+10
2006	上海	6.07E+20	2.15E+20	8.22E+20	1.04E+04	7.93E+08
2006	江苏	1.60E+18	3.51E+21	3.51E+21	2.16E+04	1.62E+09
2006	浙江	7.10E+21	3.49E+21	1.06E+22	1.57E+04	6.73E+09

续表

年份	省份	太阳能同源最大能值	地球旋转能值	可再生资源能值	亿元 GDP	sej/RMB
2006	安徽	2.81E+17	4.78E+21	4.78E+21	6.15E+03	7.77E+09
2006	福建	7.56E+21	4.15E+21	1.17E+22	7.61E+03	1.54E+10
2006	江西	3.29E+17	5.71E+21	5.71E+21	4.67E+03	1.22E+10
2006	山东	9.98E+19	5.26E+21	5.36E+21	2.21E+04	2.43E+09
2006	河南	4.13E+17	5.71E+21	5.71E+21	1.25E+04	4.57E+09
2006	湖北	2.17E+17	6.36E+21	6.36E+21	7.58E+03	8.39E+09
2006	湖南	2.77E+17	7.24E+21	7.24E+21	7.57E+03	9.57E+09
2006	广东	4.04E+20	6.16E+21	6.56E+21	2.62E+04	2.50E+09
2006	广西	2.96E+20	8.07E+21	8.37E+21	4.83E+03	1.73E+10
2006	海南	6.09E+19	1.16E+21	1.22E+21	1.05E+03	1.16E+10
2006	重庆	7.15E+16	2.81E+21	2.81E+21	3.49E+03	8.06E+09
2006	四川	4.18E+17	1.65E+22	1.65E+22	8.64E+03	1.91E+10
2006	贵州	1.13E+17	6.02E+21	6.02E+21	2.28E+03	2.64E+10
2006	云南	4.12E+17	1.31E+22	1.31E+22	4.01E+03	3.27E+10
2006	西藏	4.59E+18	4.20E+22	4.20E+22	2.91E+02	1.44E+12
2006	陕西	2.63E+17	7.03E+21	7.03E+21	4.52E+03	1.55E+10
2006	甘肃	1.28E+18	1.55E+22	1.55E+22	2.28E+03	6.83E+10
2006	青海	2.72E+18	2.47E+22	2.47E+22	6.42E+02	3.85E+11
2006	宁夏	1.67E+17	2.27E+21	2.27E+21	7.11E+02	3.20E+10
2006	新疆	3.86E+18	5.68E+22	5.68E+22	3.05E+03	1.86E+11
2007	北京	5.35E+16	5.75E+20	5.75E+20	9.35E+03	6.14E+08
2007	天津	3.60E+16	3.86E+20	3.86E+20	5.05E+03	7.65E+08
2007	河北	5.59E+18	6.42E+21	6.42E+21	1.37E+04	4.69E+09
2007	山西	4.35E+17	5.35E+21	5.35E+21	5.73E+03	9.32E+09
2007	内蒙古	6.94E+18	4.05E+22	4.05E+22	6.09E+03	6.64E+10
2007	辽宁	4.36E+20	4.99E+21	5.43E+21	1.10E+04	4.92E+09
2007	吉林	7.16E+17	6.41E+21	6.41E+21	5.28E+03	1.21E+10
2007	黑龙江	1.94E+18	1.56E+22	1.56E+22	7.07E+03	2.20E+10
2007	上海	6.07E+20	2.15E+20	8.22E+20	1.22E+04	6.74E+08
2007	江苏	1.60E+18	3.51E+21	3.51E+21	2.57E+04	1.36E+09

续表

年份	省份	太阳能同源最大能值	地球旋转能值	可再生资源能值	亿元 GDP	sej/RMB
2007	浙江	7.10E+21	3.49E+21	1.06E+22	1.88E+04	5.64E+09
2007	安徽	2.81E+17	4.78E+21	4.78E+21	7.36E+03	6.49E+09
2007	福建	7.56E+21	4.15E+21	1.17E+22	9.25E+03	1.27E+10
2007	江西	3.29E+17	5.71E+21	5.71E+21	5.50E+03	1.04E+10
2007	山东	9.98E+19	5.26E+21	5.36E+21	2.60E+04	2.06E+09
2007	河南	4.13E+17	5.71E+21	5.71E+21	1.50E+04	3.80E+09
2007	湖北	2.17E+17	6.36E+21	6.36E+21	9.23E+03	6.89E+09
2007	湖南	2.77E+17	7.24E+21	7.24E+21	9.20E+03	7.87E+09
2007	广东	4.04E+20	6.16E+21	6.56E+21	3.11E+04	2.11E+09
2007	广西	2.96E+20	8.07E+21	8.37E+21	5.96E+03	1.40E+10
2007	海南	6.09E+19	1.16E+21	1.22E+21	1.22E+03	1.00E+10
2007	重庆	7.15E+16	2.81E+21	2.81E+21	4.12E+03	6.83E+09
2007	四川	4.18E+17	1.65E+22	1.65E+22	1.05E+04	1.57E+10
2007	贵州	1.13E+17	6.02E+21	6.02E+21	2.74E+03	2.20E+10
2007	云南	4.12E+17	1.31E+22	1.31E+22	4.74E+03	2.76E+10
2007	西藏	4.59E+18	4.20E+22	4.20E+22	3.42E+02	1.23E+12
2007	陕西	2.63E+17	7.03E+21	7.03E+21	5.47E+03	1.29E+10
2007	甘肃	1.28E+18	1.55E+22	1.55E+22	2.70E+03	5.75E+10
2007	青海	2.72E+18	2.47E+22	2.47E+22	7.84E+02	3.15E+11
2007	宁夏	1.67E+17	2.27E+21	2.27E+21	8.89E+02	2.55E+10
2007	新疆	3.86E+18	5.68E+22	5.68E+22	3.52E+03	1.61E+11
2008	北京	5.35E+16	5.75E+20	5.75E+20	1.05E+04	5.48E+08
2008	天津	3.60E+16	3.86E+20	3.86E+20	6.35E+03	6.08E+08
2008	河北	5.59E+18	6.42E+21	6.42E+21	1.62E+04	3.97E+09
2008	山西	4.35E+17	5.35E+21	5.35E+21	6.94E+03	7.70E+09
2008	内蒙古	6.94E+18	4.05E+22	4.05E+22	7.76E+03	5.21E+10
2008	辽宁	4.36E+20	4.99E+21	5.43E+21	1.35E+04	4.03E+09
2008	吉林	7.16E+17	6.41E+21	6.41E+21	6.42E+03	9.98E+09
2008	黑龙江	1.94E+18	1.56E+22	1.56E+22	8.31E+03	1.87E+10
2008	上海	6.07E+20	2.15E+20	8.22E+20	1.37E+04	6.00E+08

续表

年份	省份	太阳能同源最大能值	地球旋转能值	可再生资源能值	亿元 GDP	sej/RMB
2008	江苏	1.60E+18	3.51E+21	3.51E+21	3.03E+04	1.16E+09
2008	浙江	7.10E+21	3.49E+21	1.06E+22	2.15E+04	4.93E+09
2008	安徽	2.81E+17	4.78E+21	4.78E+21	8.87E+03	5.38E+09
2008	福建	7.56E+21	4.15E+21	1.17E+22	1.08E+04	1.08E+10
2008	江西	3.29E+17	5.71E+21	5.71E+21	6.48E+03	8.81E+09
2008	山东	9.98E+19	5.26E+21	5.36E+21	3.11E+04	1.72E+09
2008	河南	4.13E+17	5.71E+21	5.71E+21	1.84E+04	3.10E+09
2008	湖北	2.17E+17	6.36E+21	6.36E+21	1.13E+04	5.61E+09
2008	湖南	2.77E+17	7.24E+21	7.24E+21	1.12E+04	6.49E+09
2008	广东	4.04E+20	6.16E+21	6.56E+21	3.57E+04	1.84E+09
2008	广西	2.96E+20	8.07E+21	8.37E+21	7.17E+03	1.17E+10
2008	海南	6.09E+19	1.16E+21	1.22E+21	1.46E+03	8.39E+09
2008	重庆	7.15E+16	2.81E+21	2.81E+21	5.10E+03	5.52E+09
2008	四川	4.18E+17	1.65E+22	1.65E+22	1.25E+04	1.32E+10
2008	贵州	1.13E+17	6.02E+21	6.02E+21	3.33E+03	1.81E+10
2008	云南	4.12E+17	1.31E+22	1.31E+22	5.70E+03	2.30E+10
2008	西藏	4.59E+18	4.20E+22	4.20E+22	3.96E+02	1.06E+12
2008	陕西	2.63E+17	7.03E+21	7.03E+21	6.85E+03	1.03E+10
2008	甘肃	1.28E+18	1.55E+22	1.55E+22	3.18E+03	4.89E+10
2008	青海	2.72E+18	2.47E+22	2.47E+22	9.62E+02	2.57E+11
2008	宁夏	1.67E+17	2.27E+21	2.27E+21	1.10E+03	2.07E+10
2008	新疆	3.86E+18	5.68E+22	5.68E+22	4.20E+03	1.35E+11
2009	北京	5.35E+16	5.75E+20	5.75E+20	1.22E+04	4.73E+08
2009	天津	3.60E+16	3.86E+20	3.86E+20	7.52E+03	5.14E+08
2009	河北	5.59E+18	6.42E+21	6.42E+21	1.72E+04	3.73E+09
2009	山西	4.35E+17	5.35E+21	5.35E+21	7.36E+03	7.27E+09
2009	内蒙古	6.94E+18	4.05E+22	4.05E+22	9.74E+03	4.15E+10
2009	辽宁	4.36E+20	4.99E+21	5.43E+21	1.52E+04	3.57E+09
2009	吉林	7.16E+17	6.41E+21	6.41E+21	7.28E+03	8.81E+09
2009	黑龙江	1.94E+18	1.56E+22	1.56E+22	8.59E+03	1.81E+10

续表

年份	省份	太阳能同源最大能值	地球旋转能值	可再生资源能值	亿元 GDP	sej/RMB
2009	上海	6.07E+20	2.15E+20	8.22E+20	1.50E+04	5.46E+08
2009	江苏	1.60E+18	3.51E+21	3.51E+21	3.45E+04	1.02E+09
2009	浙江	7.10E+21	3.49E+21	1.06E+22	2.30E+04	4.61E+09
2009	安徽	2.81E+17	4.78E+21	4.78E+21	1.01E+04	4.75E+09
2009	福建	7.56E+21	4.15E+21	1.17E+22	1.22E+04	9.57E+09
2009	江西	3.29E+17	5.71E+21	5.71E+21	7.66E+03	7.46E+09
2009	山东	9.98E+19	5.26E+21	5.36E+21	3.39E+04	1.58E+09
2009	河南	4.13E+17	5.71E+21	5.71E+21	1.95E+04	2.93E+09
2009	湖北	2.17E+17	6.36E+21	6.36E+21	1.30E+04	4.91E+09
2009	湖南	2.77E+17	7.24E+21	7.24E+21	1.31E+04	5.55E+09
2009	广东	4.04E+20	6.16E+21	6.56E+21	3.95E+04	1.66E+09
2009	广西	2.96E+20	8.07E+21	8.37E+21	7.76E+03	1.08E+10
2009	海南	6.09E+19	1.16E+21	1.22E+21	1.65E+03	7.40E+09
2009	重庆	7.15E+16	2.81E+21	2.81E+21	6.53E+03	4.31E+09
2009	四川	4.18E+17	1.65E+22	1.65E+22	1.42E+04	1.16E+10
2009	贵州	1.13E+17	6.02E+21	6.02E+21	3.91E+03	1.54E+10
2009	云南	4.12E+17	1.31E+22	1.31E+22	6.17E+03	2.12E+10
2009	西藏	4.59E+18	4.20E+22	4.20E+22	4.41E+02	9.52E+11
2009	陕西	2.63E+17	7.03E+21	7.03E+21	8.17E+03	8.61E+09
2009	甘肃	1.28E+18	1.55E+22	1.55E+22	3.39E+03	4.59E+10
2009	青海	2.72E+18	2.47E+22	2.47E+22	1.08E+03	2.28E+11
2009	宁夏	1.67E+17	2.27E+21	2.27E+21	1.35E+03	1.68E+10
2009	新疆	3.86E+18	5.68E+22	5.68E+22	4.28E+03	1.33E+11
2010	北京	5.35E+16	5.75E+20	5.75E+20	1.41E+04	4.07E+08
2010	天津	3.60E+16	3.86E+20	3.86E+20	9.22E+03	4.19E+08
2010	河北	5.59E+18	6.42E+21	6.42E+21	2.04E+04	3.15E+09
2010	山西	4.35E+17	5.35E+21	5.35E+21	9.20E+03	5.81E+09
2010	内蒙古	6.94E+18	4.05E+22	4.05E+22	1.17E+04	3.47E+10
2010	辽宁	4.36E+20	4.99E+21	5.43E+21	1.85E+04	2.94E+09
2010	吉林	7.16E+17	6.41E+21	6.41E+21	8.67E+03	7.40E+09

续表

年份	省份	太阳能同源最大能值	地球旋转能值	可再生资源能值	亿元 GDP	sej/RMB
2010	黑龙江	1.94E+18	1.56E+22	1.56E+22	1.04E+04	1.50E+10
2010	上海	6.07E+20	2.15E+20	8.22E+20	1.72E+04	4.79E+08
2010	江苏	1.60E+18	3.51E+21	3.51E+21	4.14E+04	8.47E+08
2010	浙江	7.10E+21	3.49E+21	1.06E+22	2.77E+04	3.82E+09
2010	安徽	2.81E+17	4.78E+21	4.78E+21	1.24E+04	3.87E+09
2010	福建	7.56E+21	4.15E+21	1.17E+22	1.47E+04	7.94E+09
2010	江西	3.29E+17	5.71E+21	5.71E+21	9.45E+03	6.04E+09
2010	山东	9.98E+19	5.26E+21	5.36E+21	3.92E+04	1.37E+09
2010	河南	4.13E+17	5.71E+21	5.71E+21	2.31E+04	2.47E+09
2010	湖北	2.17E+17	6.36E+21	6.36E+21	1.60E+04	3.98E+09
2010	湖南	2.77E+17	7.24E+21	7.24E+21	1.60E+04	4.52E+09
2010	广东	4.04E+20	6.16E+21	6.56E+21	4.60E+04	1.43E+09
2010	广西	2.96E+20	8.07E+21	8.37E+21	9.57E+03	8.74E+09
2010	海南	6.09E+19	1.16E+21	1.22E+21	2.06E+03	5.93E+09
2010	重庆	7.15E+16	2.81E+21	2.81E+21	7.93E+03	3.55E+09
2010	四川	4.18E+17	1.65E+22	1.65E+22	1.72E+04	9.58E+09
2010	贵州	1.13E+17	6.02E+21	6.02E+21	4.60E+03	1.31E+10
2010	云南	4.12E+17	1.31E+22	1.31E+22	7.22E+03	1.81E+10
2010	西藏	4.59E+18	4.20E+22	4.20E+22	5.07E+02	8.28E+11
2010	陕西	2.63E+17	7.03E+21	7.03E+21	1.01E+04	6.95E+09
2010	甘肃	1.28E+18	1.55E+22	1.55E+22	4.12E+03	3.77E+10
2010	青海	2.72E+18	2.47E+22	2.47E+22	1.35E+03	1.83E+11
2010	宁夏	1.67E+17	2.27E+21	2.27E+21	1.69E+03	1.34E+10
2010	新疆	3.86E+18	5.68E+22	5.68E+22	5.44E+03	1.04E+11
2011	北京	5.35E+16	5.75E+20	5.75E+20	1.63E+04	3.54E+08
2011	天津	3.60E+16	3.86E+20	3.86E+20	1.13E+04	3.42E+08
2011	河北	5.59E+18	6.42E+21	6.42E+21	2.45E+04	2.62E+09
2011	山西	4.35E+17	5.35E+21	5.35E+21	1.12E+04	4.76E+09
2011	内蒙古	6.94E+18	4.05E+22	4.05E+22	1.44E+04	2.82E+10
2011	辽宁	4.36E+20	4.99E+21	5.43E+21	2.22E+04	2.44E+09

续表

年份	省份	太阳能同源最大能值	地球旋转能值	可再生资源能值	亿元 GDP	sej/RMB
2011	吉林	7.16E+17	6.41E+21	6.41E+21	1.06E+04	6.06E+09
2011	黑龙江	1.94E+18	1.56E+22	1.56E+22	1.26E+04	1.24E+10
2011	上海	6.07E+20	2.15E+20	8.22E+20	1.92E+04	4.28E+08
2011	江苏	1.60E+18	3.51E+21	3.51E+21	4.91E+04	7.15E+08
2011	浙江	7.10E+21	3.49E+21	1.06E+22	3.23E+04	3.28E+09
2011	安徽	2.81E+17	4.78E+21	4.78E+21	1.53E+04	3.12E+09
2011	福建	7.56E+21	4.15E+21	1.17E+22	1.76E+04	6.67E+09
2011	江西	3.29E+17	5.71E+21	5.71E+21	1.17E+04	4.88E+09
2011	山东	9.98E+19	5.26E+21	5.36E+21	4.54E+04	1.18E+09
2011	河南	4.13E+17	5.71E+21	5.71E+21	2.69E+04	2.12E+09
2011	湖北	2.17E+17	6.36E+21	6.36E+21	1.96E+04	3.24E+09
2011	湖南	2.77E+17	7.24E+21	7.24E+21	1.97E+04	3.68E+09
2011	广东	4.04E+20	6.16E+21	6.56E+21	5.32E+04	1.23E+09
2011	广西	2.96E+20	8.07E+21	8.37E+21	1.17E+04	7.14E+09
2011	海南	6.09E+19	1.16E+21	1.22E+21	2.52E+03	4.85E+09
2011	重庆	7.15E+16	2.81E+21	2.81E+21	1.00E+04	2.81E+09
2011	四川	4.18E+17	1.65E+22	1.65E+22	2.10E+04	7.83E+09
2011	贵州	1.13E+17	6.02E+21	6.02E+21	5.70E+03	1.06E+10
2011	云南	4.12E+17	1.31E+22	1.31E+22	8.89E+03	1.47E+10
2011	西藏	4.59E+18	4.20E+22	4.20E+22	6.06E+02	6.93E+11
2011	陕西	2.63E+17	7.03E+21	7.03E+21	1.25E+04	5.62E+09
2011	甘肃	1.28E+18	1.55E+22	1.55E+22	5.02E+03	3.10E+10
2011	青海	2.72E+18	2.47E+22	2.47E+22	1.67E+03	1.48E+11
2011	宁夏	1.67E+17	2.27E+21	2.27E+21	2.10E+03	1.08E+10
2011	新疆	3.86E+18	5.68E+22	5.68E+22	6.61E+03	8.59E+10
2012	北京	5.35E+16	5.75E+20	5.75E+20	1.79E+04	3.21E+08
2012	天津	3.60E+16	3.86E+20	3.86E+20	1.29E+04	3.00E+08
2012	河北	5.59E+18	6.42E+21	6.42E+21	2.66E+04	2.42E+09
2012	山西	4.35E+17	5.35E+21	5.35E+21	1.21E+04	4.41E+09
2012	内蒙古	6.94E+18	4.05E+22	4.05E+22	1.59E+04	2.55E+10

续表

年份	省份	太阳能同源最大能值	地球旋转能值	可再生资源能值	亿元 GDP	sej/RMB
2012	辽宁	4.36E+20	4.99E+21	5.43E+21	2.48E+04	2.18E+09
2012	吉林	7.16E+17	6.41E+21	6.41E+21	1.19E+04	5.37E+09
2012	黑龙江	1.94E+18	1.56E+22	1.56E+22	1.37E+04	1.14E+10
2012	上海	6.07E+20	2.15E+20	8.22E+20	2.02E+04	4.07E+08
2012	江苏	1.60E+18	3.51E+21	3.51E+21	5.41E+04	6.49E+08
2012	浙江	7.10E+21	3.49E+21	1.06E+22	3.47E+04	3.05E+09
2012	安徽	2.81E+17	4.78E+21	4.78E+21	1.72E+04	2.78E+09
2012	福建	7.56E+21	4.15E+21	1.17E+22	1.97E+04	5.94E+09
2012	江西	3.29E+17	5.71E+21	5.71E+21	1.29E+04	4.41E+09
2012	山东	9.98E+19	5.26E+21	5.36E+21	5.00E+04	1.07E+09
2012	河南	4.13E+17	5.71E+21	5.71E+21	2.96E+04	1.93E+09
2012	湖北	2.17E+17	6.36E+21	6.36E+21	2.23E+04	2.86E+09
2012	湖南	2.77E+17	7.24E+21	7.24E+21	2.22E+04	3.27E+09
2012	广东	4.04E+20	6.16E+21	6.56E+21	5.71E+04	1.15E+09
2012	广西	2.96E+20	8.07E+21	8.37E+21	1.30E+04	6.42E+09
2012	海南	6.09E+19	1.16E+21	1.22E+21	2.86E+03	4.29E+09
2012	重庆	7.15E+16	2.81E+21	2.81E+21	1.14E+04	2.47E+09
2012	四川	4.18E+17	1.65E+22	1.65E+22	2.39E+04	6.90E+09
2012	贵州	1.13E+17	6.02E+21	6.02E+21	6.85E+03	8.78E+09
2012	云南	4.12E+17	1.31E+22	1.31E+22	1.03E+04	1.27E+10
2012	西藏	4.59E+18	4.20E+22	4.20E+22	7.01E+02	5.99E+11
2012	陕西	2.63E+17	7.03E+21	7.03E+21	1.45E+04	4.87E+09
2012	甘肃	1.28E+18	1.55E+22	1.55E+22	5.65E+03	2.75E+10
2012	青海	2.72E+18	2.47E+22	2.47E+22	1.89E+03	1.30E+11
2012	宁夏	1.67E+17	2.27E+21	2.27E+21	2.34E+03	9.70E+09
2012	新疆	3.86E+18	5.68E+22	5.68E+22	7.51E+03	7.56E+10

附表 5　　历年各省市能值生态足迹(4-4)

年份	省份	sej/cap	pl	processing	hm2
2006	北京	3.59E+13	3.10E+14	1.85E+06	1.16E-01
2006	天津	3.60E+13	3.10E+14	1.25E+06	1.16E-01

续表

年份	省份	sej/cap	pl	processing	hm2
2006	河北	9.31E+13	3.10E+14	2.07E+07	3.00E-01
2006	山西	1.58E+14	3.10E+14	1.72E+07	5.10E-01
2006	内蒙古	1.68E+15	3.10E+14	1.30E+08	5.40E+00
2006	辽宁	1.27E+14	3.10E+14	1.75E+07	4.09E-01
2006	吉林	2.35E+14	3.10E+14	2.07E+07	7.58E-01
2006	黑龙江	4.07E+14	3.10E+14	5.01E+07	1.31E+00
2006	上海	4.19E+13	3.10E+14	2.65E+06	1.35E-01
2006	江苏	4.59E+13	3.10E+14	1.13E+07	1.48E-01
2006	浙江	2.09E+14	3.10E+14	3.41E+07	6.73E-01
2006	安徽	7.82E+13	3.10E+14	1.54E+07	2.52E-01
2006	福建	3.27E+14	3.10E+14	3.77E+07	1.05E+00
2006	江西	1.32E+14	3.10E+14	1.84E+07	4.24E-01
2006	山东	5.76E+13	3.10E+14	1.73E+07	1.85E-01
2006	河南	6.08E+13	3.10E+14	1.84E+07	1.96E-01
2006	湖北	1.12E+14	3.10E+14	2.05E+07	3.60E-01
2006	湖南	1.14E+14	3.10E+14	2.33E+07	3.68E-01
2006	广东	6.95E+13	3.10E+14	2.11E+07	2.24E-01
2006	广西	1.77E+14	3.10E+14	2.70E+07	5.71E-01
2006	海南	1.46E+14	3.10E+14	3.94E+06	4.72E-01
2006	重庆	1.00E+14	3.10E+14	9.07E+06	3.23E-01
2006	四川	2.02E+14	3.10E+14	5.30E+07	6.49E-01
2006	贵州	1.63E+14	3.10E+14	1.94E+07	5.26E-01
2006	云南	2.92E+14	3.10E+14	4.22E+07	9.42E-01
2006	西藏	1.47E+16	3.10E+14	1.35E+08	4.75E+01
2006	陕西	1.90E+14	3.10E+14	2.27E+07	6.12E-01
2006	甘肃	6.10E+14	3.10E+14	5.01E+07	1.97E+00
2006	青海	4.51E+15	3.10E+14	7.96E+07	1.45E+01
2006	宁夏	3.76E+14	3.10E+14	7.32E+06	1.21E+00
2006	新疆	2.77E+15	3.10E+14	1.83E+08	8.92E+00
2007	北京	3.43E+13	3.10E+14	1.85E+06	1.10E-01
2007	天津	3.47E+13	3.10E+14	1.25E+06	1.12E-01

续表

年份	省份	sej/cap	p1	processing	hm2
2007	河北	9.25E+13	3.10E+14	2.07E+07	2.98E-01
2007	山西	1.58E+14	3.10E+14	1.72E+07	5.08E-01
2007	内蒙古	1.67E+15	3.10E+14	1.30E+08	5.37E+00
2007	辽宁	1.26E+14	3.10E+14	1.75E+07	4.07E-01
2007	吉林	2.35E+14	3.10E+14	2.07E+07	7.56E-01
2007	黑龙江	4.07E+14	3.10E+14	5.01E+07	1.31E+00
2007	上海	3.98E+13	3.10E+14	2.65E+06	1.28E-01
2007	江苏	4.55E+13	3.10E+14	1.13E+07	1.46E-01
2007	浙江	2.05E+14	3.10E+14	3.41E+07	6.62E-01
2007	安徽	7.81E+13	3.10E+14	1.54E+07	2.52E-01
2007	福建	3.24E+14	3.10E+14	3.77E+07	1.04E+00
2007	江西	1.31E+14	3.10E+14	1.84E+07	4.21E-01
2007	山东	5.72E+13	3.10E+14	1.73E+07	1.84E-01
2007	河南	6.10E+13	3.10E+14	1.84E+07	1.97E-01
2007	湖北	1.12E+14	3.10E+14	2.05E+07	3.59E-01
2007	湖南	1.14E+14	3.10E+14	2.33E+07	3.67E-01
2007	广东	6.79E+13	3.10E+14	2.11E+07	2.19E-01
2007	广西	1.75E+14	3.10E+14	2.70E+07	5.65E-01
2007	海南	1.45E+14	3.10E+14	3.94E+06	4.67E-01
2007	重庆	1.00E+14	3.10E+14	9.07E+06	3.22E-01
2007	四川	2.03E+14	3.10E+14	5.30E+07	6.53E-01
2007	贵州	1.66E+14	3.10E+14	1.94E+07	5.34E-01
2007	云南	2.90E+14	3.10E+14	4.22E+07	9.36E-01
2007	西藏	1.45E+16	3.10E+14	1.35E+08	4.68E+01
2007	陕西	1.90E+14	3.10E+14	2.27E+07	6.11E-01
2007	甘肃	6.10E+14	3.10E+14	5.01E+07	1.96E+00
2007	青海	4.48E+15	3.10E+14	7.96E+07	1.44E+01
2007	宁夏	3.72E+14	3.10E+14	7.32E+06	1.20E+00
2007	新疆	2.71E+15	3.10E+14	1.83E+08	8.73E+00
2008	北京	3.24E+13	3.10E+14	1.85E+06	1.05E-01
2008	天津	3.29E+13	3.10E+14	1.25E+06	1.06E-01

续表

年份	省份	sej/cap	p1	processing	hm2
2008	河北	9.19E+13	3.10E+14	2.07E+07	2.96E-01
2008	山西	1.57E+14	3.10E+14	1.72E+07	5.05E-01
2008	内蒙古	1.66E+15	3.10E+14	1.30E+08	5.33E+00
2008	辽宁	1.26E+14	3.10E+14	1.75E+07	4.05E-01
2008	吉林	2.34E+14	3.10E+14	2.07E+07	7.55E-01
2008	黑龙江	4.07E+14	3.10E+14	5.01E+07	1.31E+00
2008	上海	3.84E+13	3.10E+14	2.65E+06	1.24E-01
2008	江苏	4.52E+13	3.10E+14	1.13E+07	1.46E-01
2008	浙江	2.03E+14	3.10E+14	3.41E+07	6.54E-01
2008	安徽	7.79E+13	3.10E+14	1.54E+07	2.51E-01
2008	福建	3.22E+14	3.10E+14	3.77E+07	1.04E+00
2008	江西	1.30E+14	3.10E+14	1.84E+07	4.18E-01
2008	山东	5.69E+13	3.10E+14	1.73E+07	1.83E-01
2008	河南	6.06E+13	3.10E+14	1.84E+07	1.95E-01
2008	湖北	1.11E+14	3.10E+14	2.05E+07	3.59E-01
2008	湖南	1.14E+14	3.10E+14	2.33E+07	3.66E-01
2008	广东	6.63E+13	3.10E+14	2.11E+07	2.14E-01
2008	广西	1.74E+14	3.10E+14	2.70E+07	5.60E-01
2008	海南	1.43E+14	3.10E+14	3.94E+06	4.62E-01
2008	重庆	9.91E+13	3.10E+14	9.07E+06	3.19E-01
2008	四川	2.02E+14	3.10E+14	5.30E+07	6.52E-01
2008	贵州	1.67E+14	3.10E+14	1.94E+07	5.39E-01
2008	云南	2.89E+14	3.10E+14	4.22E+07	9.30E-01
2008	西藏	1.44E+16	3.10E+14	1.35E+08	4.63E+01
2008	陕西	1.89E+14	3.10E+14	2.27E+07	6.09E-01
2008	甘肃	6.09E+14	3.10E+14	5.01E+07	1.96E+00
2008	青海	4.46E+15	3.10E+14	7.96E+07	1.44E+01
2008	宁夏	3.67E+14	3.10E+14	7.32E+06	1.18E+00
2008	新疆	2.66E+15	3.10E+14	1.83E+08	8.58E+00
2009	北京	3.09E+13	3.10E+14	1.85E+06	9.95E-02
2009	天津	3.15E+13	3.10E+14	1.25E+06	1.01E-01

续表

年份	省份	sej/cap	p1	processing	hm2
2009	河北	9.13E+13	3.10E+14	2.07E+07	2.94E-01
2009	山西	1.56E+14	3.10E+14	1.72E+07	5.03E-01
2009	内蒙古	1.65E+15	3.10E+14	1.30E+08	5.30E+00
2009	辽宁	1.25E+14	3.10E+14	1.75E+07	4.03E-01
2009	吉林	2.34E+14	3.10E+14	2.07E+07	7.54E-01
2009	黑龙江	4.07E+14	3.10E+14	5.01E+07	1.31E+00
2009	上海	3.72E+13	3.10E+14	2.65E+06	1.20E-01
2009	江苏	4.49E+13	3.10E+14	1.13E+07	1.45E-01
2009	浙江	2.01E+14	3.10E+14	3.41E+07	6.47E-01
2009	安徽	7.79E+13	3.10E+14	1.54E+07	2.51E-01
2009	福建	3.19E+14	3.10E+14	3.77E+07	1.03E+00
2009	江西	1.29E+14	3.10E+14	1.84E+07	4.15E-01
2009	山东	5.66E+13	3.10E+14	1.73E+07	1.82E-01
2009	河南	6.02E+13	3.10E+14	1.84E+07	1.94E-01
2009	湖北	1.11E+14	3.10E+14	2.05E+07	3.58E-01
2009	湖南	1.13E+14	3.10E+14	2.33E+07	3.64E-01
2009	广东	6.48E+13	3.10E+14	2.11E+07	2.09E-01
2009	广西	1.72E+14	3.10E+14	2.70E+07	5.55E-01
2009	海南	1.42E+14	3.10E+14	3.94E+06	4.56E-01
2009	重庆	9.85E+13	3.10E+14	9.07E+06	3.17E-01
2009	四川	2.01E+14	3.10E+14	5.30E+07	6.48E-01
2009	贵州	1.70E+14	3.10E+14	1.94E+07	5.48E-01
2009	云南	2.87E+14	3.10E+14	4.22E+07	9.24E-01
2009	西藏	1.42E+16	3.10E+14	1.35E+08	4.57E+01
2009	陕西	1.89E+14	3.10E+14	2.27E+07	6.08E-01
2009	甘肃	6.08E+14	3.10E+14	5.01E+07	1.96E+00
2009	青海	4.43E+15	3.10E+14	7.96E+07	1.43E+01
2009	宁夏	3.63E+14	3.10E+14	7.32E+06	1.17E+00
2009	新疆	2.63E+15	3.10E+14	1.83E+08	8.47E+00
2010	北京	2.93E+13	3.10E+14	1.85E+06	9.44E-02
2010	天津	2.97E+13	3.10E+14	1.25E+06	9.58E-02

续表

年份	省份	sej/cap	p1	processing	hm2
2010	河北	8.93E+13	3.10E+14	2.07E+07	2.88E-01
2010	山西	1.50E+14	3.10E+14	1.72E+07	4.82E-01
2010	内蒙古	1.64E+15	3.10E+14	1.30E+08	5.27E+00
2010	辽宁	1.24E+14	3.10E+14	1.75E+07	4.00E-01
2010	吉林	2.33E+14	3.10E+14	2.07E+07	7.52E-01
2010	黑龙江	4.06E+14	3.10E+14	5.01E+07	1.31E+00
2010	上海	3.57E+13	3.10E+14	2.65E+06	1.15E-01
2010	江苏	4.46E+13	3.10E+14	1.13E+07	1.44E-01
2010	浙江	1.94E+14	3.10E+14	3.41E+07	6.26E-01
2010	安徽	8.02E+13	3.10E+14	1.54E+07	2.58E-01
2010	福建	3.17E+14	3.10E+14	3.77E+07	1.02E+00
2010	江西	1.28E+14	3.10E+14	1.84E+07	4.12E-01
2010	山东	5.59E+13	3.10E+14	1.73E+07	1.80E-01
2010	河南	6.07E+13	3.10E+14	1.84E+07	1.96E-01
2010	湖北	1.11E+14	3.10E+14	2.05E+07	3.58E-01
2010	湖南	1.10E+14	3.10E+14	2.33E+07	3.55E-01
2010	广东	6.28E+13	3.10E+14	2.11E+07	2.02E-01
2010	广西	1.81E+14	3.10E+14	2.70E+07	5.85E-01
2010	海南	1.41E+14	3.10E+14	3.94E+06	4.54E-01
2010	重庆	9.76E+13	3.10E+14	9.07E+06	3.14E-01
2010	四川	2.05E+14	3.10E+14	5.30E+07	6.59E-01
2010	贵州	1.73E+14	3.10E+14	1.94E+07	5.57E-01
2010	云南	2.85E+14	3.10E+14	4.22E+07	9.18E-01
2010	西藏	1.40E+16	3.10E+14	1.35E+08	4.51E+01
2010	陕西	1.88E+14	3.10E+14	2.27E+07	6.06E-01
2010	甘肃	6.07E+14	3.10E+14	5.01E+07	1.96E+00
2010	青海	4.38E+15	3.10E+14	7.96E+07	1.41E+01
2010	宁夏	3.59E+14	3.10E+14	7.32E+06	1.16E+00
2010	新疆	2.60E+15	3.10E+14	1.83E+08	8.37E+00
2011	北京	2.85E+13	3.10E+14	1.85E+06	9.17E-02
2011	天津	2.85E+13	3.10E+14	1.25E+06	9.19E-02

续表

年份	省份	sej/cap	p1	processing	hm2
2011	河北	8.87E+13	3.10E+14	2.07E+07	2.86E-01
2011	山西	1.49E+14	3.10E+14	1.72E+07	4.79E-01
2011	内蒙古	1.63E+15	3.10E+14	1.30E+08	5.25E+00
2011	辽宁	1.24E+14	3.10E+14	1.75E+07	3.99E-01
2011	吉林	2.33E+14	3.10E+14	2.07E+07	7.51E-01
2011	黑龙江	4.06E+14	3.10E+14	5.01E+07	1.31E+00
2011	上海	3.50E+13	3.10E+14	2.65E+06	1.13E-01
2011	江苏	4.44E+13	3.10E+14	1.13E+07	1.43E-01
2011	浙江	1.94E+14	3.10E+14	3.41E+07	6.24E-01
2011	安徽	8.01E+13	3.10E+14	1.54E+07	2.58E-01
2011	福建	3.15E+14	3.10E+14	3.77E+07	1.01E+00
2011	江西	1.27E+14	3.10E+14	1.84E+07	4.10E-01
2011	山东	5.56E+13	3.10E+14	1.73E+07	1.79E-01
2011	河南	6.08E+13	3.10E+14	1.84E+07	1.96E-01
2011	湖北	1.10E+14	3.10E+14	2.05E+07	3.56E-01
2011	湖南	1.10E+14	3.10E+14	2.33E+07	3.54E-01
2011	广东	6.25E+13	3.10E+14	2.11E+07	2.01E-01
2011	广西	1.80E+14	3.10E+14	2.70E+07	5.80E-01
2011	海南	1.39E+14	3.10E+14	3.94E+06	4.49E-01
2011	重庆	9.64E+13	3.10E+14	9.07E+06	3.11E-01
2011	四川	2.05E+14	3.10E+14	5.30E+07	6.59E-01
2011	贵州	1.74E+14	3.10E+14	1.94E+07	5.59E-01
2011	云南	2.83E+14	3.10E+14	4.22E+07	9.12E-01
2011	西藏	1.38E+16	3.10E+14	1.35E+08	4.46E+01
2011	陕西	1.88E+14	3.10E+14	2.27E+07	6.05E-01
2011	甘肃	6.06E+14	3.10E+14	5.01E+07	1.95E+00
2011	青海	4.35E+15	3.10E+14	7.96E+07	1.40E+01
2011	宁夏	3.55E+14	3.10E+14	7.32E+06	1.14E+00
2011	新疆	2.57E+15	3.10E+14	1.83E+08	8.28E+00
2012	北京	2.78E+13	3.10E+14	1.85E+06	8.95E-02
2012	天津	2.73E+13	3.10E+14	1.25E+06	8.81E-02

续表

年份	省份	sej/cap	p1	processing	hm2
2012	河北	8.82E+13	3.10E+14	2.07E+07	2.84E-01
2012	山西	1.48E+14	3.10E+14	1.72E+07	4.77E-01
2012	内蒙古	1.63E+15	3.10E+14	1.30E+08	5.24E+00
2012	辽宁	1.24E+14	3.10E+14	1.75E+07	3.98E-01
2012	吉林	2.33E+14	3.10E+14	2.07E+07	7.51E-01
2012	黑龙江	4.06E+14	3.10E+14	5.01E+07	1.31E+00
2012	上海	3.45E+13	3.10E+14	2.65E+06	1.11E-01
2012	江苏	4.43E+13	3.10E+14	1.13E+07	1.43E-01
2012	浙江	1.93E+14	3.10E+14	3.41E+07	6.23E-01
2012	安徽	7.98E+13	3.10E+14	1.54E+07	2.57E-01
2012	福建	3.12E+14	3.10E+14	3.77E+07	1.01E+00
2012	江西	1.27E+14	3.10E+14	1.84E+07	4.09E-01
2012	山东	5.53E+13	3.10E+14	1.73E+07	1.78E-01
2012	河南	6.07E+13	3.10E+14	1.84E+07	1.96E-01
2012	湖北	1.10E+14	3.10E+14	2.05E+07	3.54E-01
2012	湖南	1.09E+14	3.10E+14	2.33E+07	3.52E-01
2012	广东	6.19E+13	3.10E+14	2.11E+07	2.00E-01
2012	广西	1.79E+14	3.10E+14	2.70E+07	5.76E-01
2012	海南	1.38E+14	3.10E+14	3.94E+06	4.45E-01
2012	重庆	9.56E+13	3.10E+14	9.07E+06	3.08E-01
2012	四川	2.04E+14	3.10E+14	5.30E+07	6.57E-01
2012	贵州	1.73E+14	3.10E+14	1.94E+07	5.57E-01
2012	云南	2.81E+14	3.10E+14	4.22E+07	9.06E-01
2012	西藏	1.37E+16	3.10E+14	1.35E+08	4.40E+01
2012	陕西	1.87E+14	3.10E+14	2.27E+07	6.04E-01
2012	甘肃	6.03E+14	3.10E+14	5.01E+07	1.94E+00
2012	青海	4.31E+15	3.10E+14	7.96E+07	1.39E+01
2012	宁夏	3.51E+14	3.10E+14	7.32E+06	1.13E+00
2012	新疆	2.54E+15	3.10E+14	1.83E+08	8.19E+00